暴落を上昇エネルギーに変える

V字回復狙いの短期システムトレード

「押し目」と「とどめ」で機能する戦略的売買ルール

著 korosuke

JN032782

Pan Rolling

まえがき

　私が株式投資に出会ったのは、2004年ごろのことでした。詳しいことは何もわからない中、ヤフーや2チャンネルの掲示板の書き込みを見ながら、上がりそうな株を探して売買していました。

　当時は地合いが良かったこともあり、特に新興市場は買えば基本的に上がっていくような相場でしたから、ビギナーズラックも手伝って、資産が順調に増えていきました。

　そんな順調な状況が続く中、突如やってきたのが2006年のライブドアショックです。大暴落の直撃を受け、積み重ねてきた利益があっという間に消えてしまいました。投資人生で初めて相場の洗礼を受けました。

　20年間無敗を貫いた雀士の桜井章一さんの言葉に次のようなものがあります。

理想的なのは、「よい内容で勝つ」こと。次に望ましいのは、「よい内容で負ける」こと。3番目が「悪い内容で負ける」ことであり、最も下なのは「悪い内容で勝つ」こと。

　今思うと、この言葉がぴったりと当てはまることだったと思います。当時は買えば何でも上がる相場だったので、スキルもない中でもたまたま勝ってしまっただけだったのです。ここで、特に初心者のうちによくわからないがたまたま大きく勝ってしまうような悪い癖をつけて

しまうと、遅かれ早かれしっぺ返しを食らいます。

　私もまさに身をもって経験したわけですが、このときの痛い経験が大きな相場に対する考え方を変えてくれたきっかけとなったのです。具体的には、「株は上がるもの」というこれまでの考えから、「ただ持っているだけでは下がるもの」という考えに変化しました。私の投資人生の中で起こった、第一の大きな転換点だったと思います。

　実際、考え方が変わったこともあって、その後のリーマンショック時では、空売りを活用することで、ダメージを受けずに乗り切ることができました。

　そして、このころ、第二の大きな転換点が訪れます。システムトレードに出合ったのです。

　「検証くん」というシステムトレードのソフトが出たときに、広告を読んで「これはすごい」と思い、即決して購入してしまいました。

　しかし、勢いで買ってしまってはみたものの、よくよく考えてみれば検証するためのツールであり、これだけあっても何も利益は生み出せません。後から思えば、私の早とちりに過ぎなかったのですが、このときは「もしかして騙されたのでは？」と思って後悔しました。

　ただ、高額のソフトだったので、「買った以上はもうやるしかない」と隅から隅までソフトを使って検証を繰り返したのです。

　当時は、システムトレードについての情報もあまり出回ってなく、ほぼゼロから試行錯誤の繰り返しで、ひたすらシステムトレードに取り組んでいたところ、次第にのめり込んでいきます。

　システムトレードを通して大きく学んだことは、基準の曖昧だった裁量トレードを、数値という“目で見える形”で理論的に捉えることができるようになったことでした。この点は、とても大きかったです。

　投資にはいくつも手法がありますから、玉石混合、何が自分にとっ

て最適なのかは、本当のところは誰にもわかりません。実際、今、この本を手に取っている方の中には、これから投資を始める方、投資は続けているが思うような結果が得られず悩んでいる方など、さまざまだと思いますが、やはり「（投資の技術を上達させるに当たって）何をするのが、自分にとって一番良いことなのか」に迷っている方も多いと思います。

今回、私が本を書こうと思った理由はまさに"そこ"にあります。私がこれまで経験してきたことから考える「相場とは何か」についての話はもちろんのこと、これまでの経験を振り返りながら、そこで得た知識などを少しでもお伝えすることができればと考えて、本書を作り上げています。

ところどころ、皆さんがこれまで持っていた相場感と違うことが書かれていて、理解に苦しむような話もあるかもしれません。でも、それが相場というものです。簡単に定義するのは難しいのです。

インターネットが発達したおかげで、スマホからでも簡単にトレードできてしまうほど便利な世界になりました。

しかし、その画面の向こうでは、世界中のトレーダーが血眼になって同じ土俵で戦っています。彼らはトラやライオンです。おいしい獲物が近づいてくるタイミングを虎視眈々と狙っています。

そのような弱肉強食の世界の中で、狩られないようにするためには、トレーダー自身が成長しなければなりません。相場という世界に張り巡らされているトラップを乗り越え、トラやライオンのように獲物を狩る側に回らなければ生き残れません。そのためには、正しく勝つための戦略をもって戦いに臨まなければならないのです。

相場とは不思議なもので、考えれば考えるほど難しくなっていきます。金融工学のプロがサルにも負けてしまうような世界なのです。

この相場という得体のしれないものは、いったい何なのか？

　この「奇妙な生き物」について少しずつ謎を紐解きながら、「たまたま」ではなく、必然的に勝つためのシステムトレードを身につけていきましょう。

本書の構成

1）本書のテーマ

　本書のテーマは「暴落からの反発を狙うストラテジー作り」です。「何をもって暴落と言うのか」「どういう条件になったら反発の兆しと言えるのか」「買うべき暴落とはどういうものなのか」を、誰にでもわかるように**「数値」**で紹介しています。

2）本書で紹介している暴落とは

　読了するとわかるように、本書では「浅い下げ」と「深い下げ」からの反発を紹介しています（次ページ参照）。

浅い下げ……上昇トレンド中の暴落（押し目）を狙ったもの
深い下げ……下降トレンド中の暴落（とどめ）を狙ったもの
　　　　　　日中に突如発生する暴落［騰落率（終値の前日比率）］
　　　　　　を狙ったもの

3）本書で学んでいただきたいこと

　「暴落」を狙うのに適したものはシステムトレードです（詳しくは本書にて）。
　したがって、本書では、「売買ルールをどのように深化させていくか」にページを割いています（次ページの図参照）。「どのような考えで売買ルールを構築＆更新していくのか」について、理解を深めていただければ、大変うれしく思います。

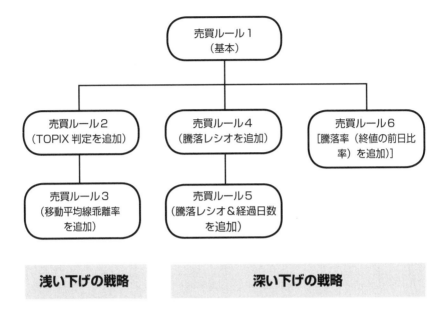

4）本書で紹介しているルールは"検証済み"です。すぐに使えます

　本書で紹介している売買ルールは、"使えること"を証明したものです。

　本書を読む方の中には、システムトレードというものについて苦手意識を持っておられる方もいることでしょう。

　システムトレードというものに慣れていない人については、本書で紹介しているルールを使いながら、可能ならば、最終的に「どうやって売買ルールを作っていくのか」について考えていただければと思います。

CONTENTS

第3章　システムトレードについて

第4章　基本売買ルールの構築

第5章　浅い下げを狙った買い戦略

第1章

相場とトレード

~第1節~

株式相場とは

　この本を読んでいる方は、株式投資をこれから始める方、初心者の方、もう熟練のトレーダーなど、さまざまかと思います。「もう、そんなことは知ってるよ」と思われるかもしれませんが、まずは「相場とはどんなものか」についての話から始めてみたいと思います。

　当たり前のことですが、株価が安いときに買って、高いときに売れば利益になりますので、「上がる株を探す」ということが一般的な投資スタイルだと思います（厳密に言うと、後述する信用取引という方法では、売りから入ること、つまり「下がる株を探す」ことも可能です）。
　実際、よくある投資本や雑誌、新聞、テレビなどで推奨銘柄のようなものが取り上げられているように、多くの人は「何の株を買ったらよいのか」ということに興味があるのでしょう。私自身も、「上がる株を教えてください！」とか、「良い銘柄を教えてほしい！」という質問を、本当によく受けます。

　さて、「上がる株を探すことが株式投資の基本だ」として、ここで質問です。「上がってほしい」と思って株を買ったところ、思いのほか、その銘柄の調子が良くて、どんどん上がっていったとします。
　株価は2倍になり、3倍になり、その後もどんどん上がっていきそうです。皆さんは、どこで株を売りますか？

この「いったいどこまでいったら株を売ればよいのか」という問題は極めて重要です。含み益が出ているとしても、利益確定しない限り、本当の利益にはならないからです。

　「どこで相場に入るのか」は、多くの人の関心事ですが、この「どこで利益確定するか？」ということまで考えて買っている人はどのくらいいるでしょうか？

　「何の株が上がるのか？」は、単なる入り口でしかありません。それ以上に重要なのは「いつ利益確定すればよいか」なのです。上がる銘柄はわかっても、「いつ売るか」というところまで決めておかねば利益は手にできません。

　例えば、ある上がる銘柄を同じタイミングで買ったAさん、Bさんがいたとします。

　買った銘柄とタイミングは同じでも、Aさんは利益が出たのですぐに確定できたのに対し、Bさんはずっと持っていて、株価が買ったときの値より下がってしまったときにロスカットすることになった、というような話は実際によくあります。

　同じ推奨銘柄でも、最後に利益確定するところまで決めていないと、売買する人によって、このように利益が大きく変わってくるのです。

　もし、「何の銘柄を買ったらよいか」という質問と合わせて、「いつ売ったらよいか」「いくらになったら売ったらよいか」ということまで聞いてくる人がいるならば、「なかなか玄人の投資家だな」と思うところです。

　この「いつ売ったらよいか？」「いくらになったら売ったらよいか？」についての答えを出すのがシステムトレードです。それについてはもう少し後でまた説明しましょう。

～第２節～
相場のサイクル

　株を始めた人はまず「何の株を買ったらよいか」というところから始まり、「基本的には買いから入る」という投資スタンスであることは、先ほど説明しました。

　買った株がどんどん上がる相場、いわゆる上昇トレンドが続けば保有しているだけで利益が増えていきます。

　直近でいえば、2013 年から始まったアベノミクスの上昇相場では、市場全体が大きく上がっていたので、基本的に、何を買っても上がって儲かる相場でした。いわゆるバブルというものです。

　バブルのときはどんどん値が上がっていくので、気持ちも強気になってきて、かなり上がってもまだまだ上がる、もっと資産が増えるという流れで「欲」が膨らんでいきます。

　しかし、残念ながら、そのようなバブルはいつまでも続くことはありません。次ページの図のように、相場には「春夏秋冬」という季節のようなサイクルがあるからです。

　「春」はちょうど上昇相場に入る初動です。次に、値の上がり方が一番大きくなったとき、つまりバブルの絶頂期が「夏」になります。その後、バブルに陰りが見え始め、下落相場の初動が見えてくるのが「秋」で、完全な下落相場になって●●ショックと言われるような大

1－1　相場のサイクル

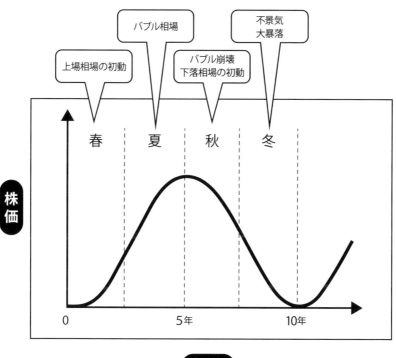

春　　夏　　秋　　冬

上場相場の初動

バブル相場

バブル崩壊
下落相場の初動

不景気
大暴落

株価

0　　　　5年　　　　10年

年数

暴落に至る時期が「冬」に当たります。

　実際の春夏秋冬の周期は1年ですが、株式市場の春夏秋冬は大体10年サイクルで動いています。

　次ページに、時系列に沿って何が起きたかを年表としてまとめてみましたので、それを見てください。

　10年間でおおよそひとつのサイクルとなっています。上昇相場、バブルのような急騰、下落相場、大暴落を繰り返しています。

　大体、大きな上昇相場が必ずあります。そのような上昇相場では「買えば何でも上がる」ので、「買い」を基本とするならば、利益が出やすくなります。結果、株式投資の世界に初めて入ってくる人が多くなります。その後、バブルのような急上昇が来て、誰もが大きく利益を手にするころから密かに下落相場が始まり、最後の大暴落がやってきます。

　このとき、上昇相場から参入した人たちの多くには、買いで利益を出すという経験しかなかったり、買えば上がるという上昇相場の感覚が残っていたりするため、上昇相場のときと同じような投資を繰り返して、やがて市場から消えていくことになります。

　市場では、何度もこの流れが続いています。これは株式市場で必然的に起こるサイクルなのだと思います。

　だからこそ、「買えば上がる」という良い状態が続いているときに、一時的に利益が出たとしても、それを自分の実力と勘違いしないことが大切なのです。

　まずは10年というサイクルを経験して生き残っていれば、本当のトレーダーだと思います。それだけ長期的に投資の世界で生き残っていくのは難しいことなのです。

　多くの投資家は買いで利益を出すスタイルを好むため、消えていく

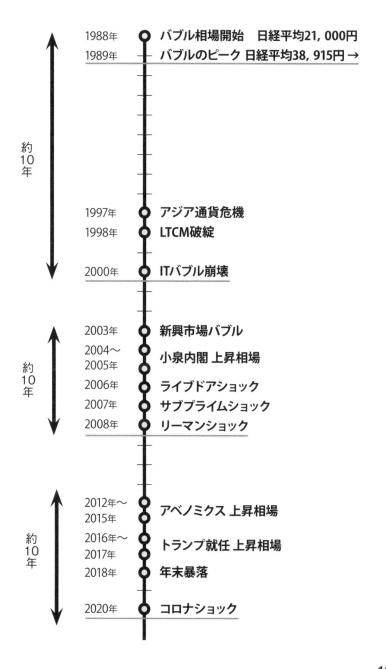

原因もほぼ決まっています。数年に1回の大暴落のときです。ここで大きな損失を出して退場となることが多いです。

「このような相場（＝暴落）のときにどう対処すればよいか？」については、この後の章で詳しく説明しますので、今は**「業績の良い優良銘柄だったとしても、ずっと持っているだけでは、（上がり続けて）利益を出すことは難しい」**ということだけ覚えておいてください。特に、大暴落が来たときには、個別銘柄の業績が良い悪いなど関係なく、ほとんどすべての銘柄が投げ売られるような異常な相場になります。株を持っていること自体が大きなリスクとなってしまうのです。

勝負事には必ずタイミングがあります。「ここだ」という勝てるときに勝負をする必要があります。常に勝ち続けなければいけないわけではなく、必要なときにだけ戦い、最悪、負けなければよいのです。勝たなくても引き分けになれば生き残れます。

<u>長期的にずっとこの相場で残っていくには、勝てる戦略を持つこと、そして、それをどのタイミングで使うかを決めること、さらには、それがどのくらい優位性があるのかを検証すること</u>、です。これらが絶対に必要になってきます。

ここで紹介した話に対する答えは、後ほど解説するシステムトレードがすべて示してくれます。

～第3節～
失敗から学んだこと
～自分の体験談～

　「相場にもサイクルがある」ということは、株を始めたばかりの人にとっては最初に理解しておいてほしいことです。

　上昇相場は続かない。バブルには終わりがある。わかっているようでいても、実際に体験して資産が増えてくると、大抵の人は忘れてしまうものです。

　私も株を始めたばかりのときはそうでした。相場が良いときには、街中の本屋には投資本が溢れ、新聞やテレビでも株高のニュースがたくさん流れます。次第に「そんなに株が上がるなら自分もやってみよう」と思って参加者が増えてきます。

　株価がどんどん上がっていき、利益が増えるに従って、「自分には投資の才能がある」「（株価はどんどん上がって）まだまだ利益は増え続ける」というような思考になってきたとしたら、注意が必要です。

　ちょうど私が投資を始めたばかりの2004年から2005年にかけては、特に強い上昇相場でした。当時の新興市場には、株価が何倍にもなるような銘柄がたくさんありました。

　「決算の結果が良かったから」という理由で、翌日に買えばストップ高が続くようなこともありました。買えば何でも儲かるようなボーナス相場です。もちろん、上がり続けているときは、それがいつ終わるかなど考えもしませんでした。

相場がイケイケの上昇時には、新聞にもテレビにも、好材料のニュースしか流れません。これから値が下がるような悪い情報は出てこないため、「まだまだ株価は上がるだろう」と考えてしまいます。

　しかし、そんなときこそ、すでにバブル相場は終焉に近づいているのです。もちろん、投資を始めたばかりのときには、バブルの終わりに気づく人はなかなかいないと思います。それが相場の難しさでしょう。

　2006年1月16日、"それ"を痛感する出来事が私にも起きました。当時を知っている人にとっては、忘れたくても忘れられないであろう「ライブドアショック」です。上昇相場しか知らない私が初めて体験することとなった大暴落でした。

　その日は月曜日で、場中も堅調に推移し、特にライブドア関連株は大きく上昇していました。その日の引け時点で、株価も資産も、投資を始めて以来の最高値となりました。

　そんなこともあって、その日は夕方から飲みに行きました。ところが、良い気分になっていたその矢先、「ライブドアに東京地検の強制捜査が入った」というニュースが舞い込んできたのです。

　その時点では、何かあったとしても大したことはなく、「株価が多少下がるだけだろう」くらいにしか考えていませんでしたが、強制捜査が入ったことはその後もずっと報道されていたため、その影響を受けたのか、さすがに翌日は寄り付きから大きく下がる銘柄が結構ありました。

　しかし、その後は、前場の終わりにかけていったん戻していき、ある程度、市場も落ち着いたかのように見えたのです。

　ところが、後場になってから、「某証券会社でライブドア関連株のいくつかについて、信用取引の担保価値がゼロになる」という報道が出ると、新興市場の銘柄は一気に売られます。軒並み、ストップ安近

くまで下がりました。

　午前中にある程度売れるものは利益確定してはいましたが、ライブドア関連株をかなり持っていたので、それらについては逃げ遅れてしまいました。そこから連日のストップ安が続きます。その次の日も、そのまた次の日も売り一色で寄りつく気配がありません。

　このときは、信用取引も思い切り活用していました。このような局面で信用取引を使っていると、さらに大変なことになります。

　信用取引とは、現物株と現金を担保に、証券会社から約 3.0 倍の金額を借りて行う株取引です。このような「自分が預けた資金以上の取引を行うこと」を「レバレッジを効かせる」と言います。レバレッジを効かせることで、流れが合えば大きな利益を手にすることが可能ですが、反面、逆行したときには損失も大きくなるというデメリットもあります。

　信用取引では、現物株と現金の合計の担保価値と、信用取引を行って実際に売買できる金額が、一定の率を上回るようにしておかなければいけません。この率のことを証拠金維持率と言います。もし、この証拠金維持率を割り込んでしまうと、追証というものが発生してしまいます。この場合、指定された期間内に現金を入れるなどして証拠金維持率を一定の水準以上に戻さないと、持ち株を証券会社の任意で強制的に売却されてしまいます。もしも、現物株を担保として証券会社に差し出していた場合、担保となる現物株が値下がりしてしまうと、担保価値も下がるため、証拠金維持率がすごい速さで下がっていきます。つまり、暴落が起きたときに信用取引でレバレッジの高い売買をしているとリスクが大きくなるのです。

　このときは、証拠金維持率が 20％を切ってしまったため、毎日、追証解消のための資金繰りをしながら何とか耐え忍ぶのが精一杯で、生きた心地のしない日々を過ごすことになりました。

　そんな最悪の状況の中、ストップ安続きからようやく寄り付いたと

ころですべてを売り払い、きれいさっぱり清算しました。結果は大負けでしたが、売り一色の板はもちろん、増えていく含み損の額を見続けなければならないこと、そして、追証の嵐から逃れることができただけで、ある意味、そのときは敗北感よりも解放感のほうが強かったことを覚えています。

しかし、日が経つにつれ、徐々に失った金額を冷静に考えてみたとき、言いようもない敗北感と挫折に襲われました。

パーティーでは、音楽が鳴り響き、皆が盛り上がって踊り続けているうちは終了のアナウンスが流れても、誰もパーティーが終わったことに気づきません。音楽が止まって、踊りをする人が少なくなってきたときに初めてパーティーが終わったと気づくのです。

最後の人がいなくなるまで踊り続けていると、真っ暗なパーティー会場で、ひとり孤独を味わうことになります。"終わったこと"に早く気づいた人は、楽しい気分でパーティー会場をさっさと後にできたことでしょう。

相場も同じです。株価の上昇に誰もが酔いしれているうちは、バブル相場が終わっていることに気づきません。株価が急激に下がり始め、利益が減ってきたときに初めてバブルが終わったと気づくのです。これが、私の投資人生で味わった"最初で最後の大暴落"での経験です。

このような失敗を犯したときには、多くの人は、「もう株なんてこりごりだ、二度とやりたくない」と思ってしまうことでしょう。

しかし、このときの私は「株で負けた分は株で取り戻すしかない」と、「やめたい」と思うよりも、むしろ「何とかこの損失を取り返してやろう」という意気込みのほうが強くなったのです。

私は、この大暴落をきっかけに大きなことをいろいろ学びました。それを次節以降で紹介していきます。

空売りの重要性
～大暴落からのひとつ目の学び～

　ライブドアショックから学んだことのひとつ目。それは、「空売り」でした。

　それまでは、安いところを買って、上がって高くなったところで売る、という買い目線だけで相場を見ていました。しかも、私が投資を始めてからはずっと上昇相場でしたので、仮に下がったとしても、そこで買い下がって少し我慢していたら最終的には上がって救われるような良い地合いだったのです。

　しかし、暴落を経験すると、考え方が変わります。株価は上がるものではなく、本来、下がるものという印象を植え付けられました。しかも、上がるときはコツコツとゆっくり上がっていくのに対して、下げるときのスピードは速く、あっという間であることも痛感させられました。1カ月近くゆっくり積み上げてきたものを、数日の下げで帳消しにしてしまうくらい、下がるときのスピードは速いです。

　このように、上がるのに比べて、下がるのが速いのには理由があります。そこには、人間の心理が関わっています。

　株が上がるときはお金を株券に換えることになります。これは、お金という価値がはっきりとわかっているものを、いったん株券という価値がよくわからないものに換えていることになります。このようなときは、心理的に自分の手元からお金という価値のあるものがなくな

ってしまうことになるため、積極的に買おうという気にならずブレーキがかかってしまいます。

　しかし、売るときは違います。株券という価値がよくわからないものを、お金という価値のあるものに交換する行為です。これは価値あるものに換えたいという自然な欲求ですから、心理的にブレーキがかかりません。

　つまり、売るときは「早く価値のあるお金に換えたい」という人間の自然な欲求が素直に働くため、下がるスピードが速くなるのです。

　このような下げを経験したことで、空売りを使って高いところで売っていれば、暴落の局面では損失どころか、大きな利益が出せただろうということを痛感しました。

　重力のように、本来、株価は下がるべきもので、上がり続けていることのほうがおかしいとさえ感じるようになりました。

　事実、「今度、暴落に出合うことになったら、強烈な下げに巻き込まれず、空売りを使えるようになろう」と強く意識したのがこのときでした。実際、空売りを始めて、売り目線で銘柄を見ていくことを覚えたおかげで、その後にやってくるリーマンショックを乗り切ることができました。

　これまで攻撃一辺倒だったのに、初めて防御することを覚えたのです。投資人生での大きな転換点のひとつになったと思います。

～第5節～
ファンダメンタルズとテクニカル
～大暴落からの2つ目の学び～

2つ目に学んだ大きなことは、テクニカルを重視したトレードの重要性を知ったことです。

投資には、いろいろなスタイルがありますが、おそらく株を始めたばかりのときには「何の銘柄を買ったらよいか」を判断するために、まずは会社の業績を見ると思います。例えば、営業利益や経常利益の伸び率、業績の良し悪し、PERやPBRなどの会社のファンダメンタルをもとに、「この会社の株価は将来的に上がるかどうか」を判断していると思います。

私も投資を始めたときは、投資を教えてくれた知人がファンダメンタル重視の人であったこともあって、会社四季報を参考にするなどして業績の良い会社を探して買っていました。

とはいっても、株式投資を始めたばかりで何も知識がないので、いきなりファンダメンタルの分析などできるわけもなく、実際は、知り合いから教えてもらった銘柄で、「この会社は業績の伸び率がすごいから上がりそうだ」という情報をもとに買っていました。

割安で業績の良い会社をずっと持っておけば、いずれ株価は上がってくる。そう信じていたところ、2004年から2005年にかけての相場では、実際に私が保有していたようなバリュー株が大きく上昇していきました。

このとき、株価が大きく値上がった銘柄の中には、確かに業績が大きく伸びて成長した銘柄もあったことでしょう。

　しかし、それ以上に、全体として地合いの良さが大きかったと思います。基本的には「買えば何でも上がる」ような相場だったからです。

　当時はわかりませんでしたが、ファンダメンタルが良い会社でなくても、全体の流れに押し上げられて株価が上がっていた会社（銘柄）もたくさんありました。結果的に、そのことに気づかず、「バリュー株だから買われているのだ」と思ってしまったのかもしれません。

　間違いに気づかされたのがライブドアショックでした。市場全体が大暴落すると、ファンダメンタルうんぬんではなく、すべての銘柄が投げ売られて大きく下がります。ファンダメンタルを見て売買しているのではなく、暴落による恐怖感から投げ売っているだけでした。業績はほとんど関係ありません。

　そもそも、ファンダメンタルは長期的な成長を期待してトレードするものですから、このような短期的な下げは気にしないというスタンスなのかもしれません。

　しかし、長期投資とはいえ、買うならば、このような暴落で投げ売りされた安いところのほうがよいはずです。そういうことを冷静に考えたとき、長期投資やファンダメンタル重視の投資に疑問を抱きました。短期的な暴落局面では、ファンダメンタルはほとんど意味をなさないと感じ始めたのです。

　このような暴落を目の前にして驚かされることがありました。連日下げ続けて売り一色だったのに、突然、反発した（大きく買われて上昇した）からです。売り一色だった板に突然買いが入り、あっという間に買いが優勢になって反発し、その後も上昇が続きました。普通に考えれば悪材料しかなく、買われるような材料も出ていませんが、そ

れでも買っているというのはどういうことなのか？ 考えてもわかりませんでしたが、事実として、そんな絶望的な状況下においても買いが入って反発していたのです。その様子をふとチャートで見たところ、連日の大幅下落から、突然、長い陽線が立つ状態になっていました。チャートというものをしっかりと見たのはこのときが初めてだったかもしれません。

　気になって、過去のチャートも見ていると、やはり暴落して下げたところから急反発するときは似たような形をしていました。

　一体、これはどういうことなのだろうか？

　少なくともファンダメンタルが急激に変わったわけではないので、それ以外の何かがあるのだろう、というくらいで、当時はまだこの理由はわかりませんでした。

　このことについては、その後、システムトレードに精通していく中でわかってきます。簡単に言えば、「株価は売りたい人と買いたい人がどれだけいるか（需給）によって決まる」ということが関係してきます。

　多くの人は「業績が良くなり買われた。経済見通しが良いから買われている」というように、「何が理由で株価が上がったのか（上がるのか）」を知りたいと思います。

　しかし、実際の株価を形成するのは、「理由」ではありません。需給のバランスを受けて株価が確定します。

　例えば、ある株を1000円で売りたい人が10人いるのに対して、1000円で買いたい人が10人いれば1000円という値段が付きます。それに対して、1000円で売りたい人が30人いるのに対して、1000円で買いたい人が10人しかいないとしたら、売りたい人が多すぎて1000円では値段がつきません。売りたい人は少し値段が下がっても

買い取ってほしいため、値段を下げていきます。

　すると、どうなるでしょうか？　仮に 800 円になったときに売りたい人が10人いて、買いたい人が10人いればそこで値段が決まります。

　このように、買うか売るかという事実のみで値段は決まりますので、あえて理由を知る必要はありません。

　これと同じようなことが暴落時にはもっと顕著に起きています。暴落時で大きく下げている相場では、高いところで買った人たちが含み損を抱えて、早く売りたい心境になるため、買い手よりも売り手が圧倒的に大きくなります。

　例えば、ある値段（仮に 1000 円とします）で買いたい人が 10 人いたとしたら、売りたい人は 100 人いるような状態です。当然、このようなときは 1000 円では値が付かないため、売りたい人は価格を 900 円に下げます。

　そうすると、1000 円で買いたかった人は 100 円安い 900 円で買えることになるため、買いたい人が増えて 20 人になったとします。

　しかし、それでも売りたい人 100 人に対し、買いたい人が 20 人ですから、売買はまだ成立しません。ですから、さらに売りたい人は値を 800 円、700 円と下げていきます。値を下げるほど、（安くなるので）買いたい人が増えていき、あるところまで下がったときに、買い手と売り手の数が一致して値が付きます。

　暴落時は、含み損を抱えた買い手の「戻ったところで少しでも損失を減らして手放したい」という売りたい欲求が圧倒的に多いため、上がったところでは多くの売りが出る、つまり、上がりにくいという状態になります。

　ここで重要なのは、このときの売りは、「今、株を保有している人が含み損を抱えているので早く売って手放したい」という理由からきていると認識することです。単純に考えると「株価が上がる＝売りた

い人が少ない」ということです。言い換えれば、暴落局面で「もうそろそろ反発するだろう」と思って、投資家たちが株を持ち続けているときはまだ下がり、「もうだめだ」とあきらめて手放したときに初めて売り圧力がなくなるので、売りと買いの需給のバランスが成立して底入れするのです。そして、株価があまりに下がりすぎると「安いから買いたい」と考える人が新たに増えてきて、売りたい人よりも多くなったとき、反転上昇することになります。皮肉にもなぜ上がらないかは「そろそろ上がると思って持っている人が多いから上がらない」ということになります。

　「実際の株価が上がるか下がるか」と、上がる（下がる）タイミングに重要なのは、この「買いと売りの需給」なのです。そして、これらを示す有効なツールのひとつがチャートなのです。

　この買いと売りの需給に気づいたことで、ファンダメンタル一辺倒だったやり方から、チャートを知ってテクニカル分析を始めるきっかけとなりました。このことも、今思うと、自分の投資スタイルを変える大きな転機になったと思います。

デイトレードの重要性
～大暴落からの3つ目の学び～

　3つ目に学んだ大きなことは、「デイトレード」です。先ほどのファンダメンタルとテクニカルの違いでも触れたように、それまでの私は基本的なことについて大きな勘違いをしていました。

　「投資」と「トレード」。

　これは、言葉では似ていますが、その違いを皆さん、わかっているでしょうか？

　「投資」とは、ファンダメンタルを重視して株の売買をするものです。企業業績を分析したうえで、成長しそうな企業に投資することで利益の増大を期待します。

　「企業業績は日に日に変わるようなものではない」という大前提のもと、3カ月先、半年先、1年先、さらにもっと長く10年くらい先まで見据えて長期目線で運用するものです。代表的なものでいえば、有名なウォーレン・バフェットのような売買方法がこれにあたります。

　一方、「トレード」とは、テクニカルを重視して株の売買をするものです。企業業績よりも、短期的な株価の動きそのものを観察して、そこに生じた乖離や歪みから優位性を見つけます。日々の値動きをチ

ャートや板から読み取るため、短い時間軸での売買が主体となります。デイトレーダーは、このような短期の視点で売買をしているため、文字通り、トレーダーなのです。

このように、投資とトレードとでは、意味は似ているかもしれませんが、明確な定義はまったく異なります。自分も、株を始めたときはそんなことなどわからず、同じようなものだと思っていたため、自身のスタイルが確立されていませんでした。

例えば、ファンダメンタルや企業業績を見て株を買ったのに数日で利益確定したりなど、トレーダーに近いことをやっていたことがあります。

反対に、短期売買と割り切って買ってはみたものの、ずるずると値が下がったときに、損切りせずに、「いずれ上がるだろう」と長期投資のような行動パターンをとってしまうこともありました。

投資に関する本や、多くのメディアなどに出てくる記事などでも、投資とトレードを混同して使っているケースが多いです。

暴落のような局面では、ファンダメンタルなど関係なく、そのときの投資家の心理状態に左右されて株価が乱高下します。このような状況下で短期的に利益を出すのはトレードです。暴落時に銘柄のファンダメンタルを見て「明日の株価がどうなるか」を考えたりしたこともありましたが、ほとんど意味はありませんでした。

長い目で見る長期投資なら、このような暴落もあまり気にしないのかもしれませんが、こういう暴落に直面したときに指をくわえて見ているというのは自分の肌に合わないと感じました。むしろ、大きく下がったタイミングで短期的に資金を動かしたほうが大きな利益になったのではないか、と短期売買の重要性を感じました。

また、長期投資だと、場が終わったあとに何かが起こっても打つ手がありません。そこも気になりました。ライブドアの件では、強制捜

査のニュースが出たのは、まさに、その日の場が終わってからの時間帯でした。そのため、このニュースが出たときにはすでに持っている株を売って逃げることは不可能でした。

　これを回避できたとすれば、それはデイトレードのスタイルだったと思います。その日限りの売買に徹し、マイナスであろうと素直に手仕舞いするというトレードを行っていれば軽傷で済んでいたのです。

　結局、株を持ち越すということに対して、「とてもリスクが高い」という感覚が強く身に染みたのもこのときです。日本市場が終わる15時以降、現物株は売買できなくなりますが、世界の市場は動いていて、ヨーロッパやアメリカなど、日本が夜の間にも大きく動いています。要するに、日本側では何もできないにもかかわらず、市場に多くの資金をさらしているわけです。これは、何かあったときに逃げられない、つまり「リスクが高い」選択をしているのではないかと思いました。現に、夜間に突然何かの悪材料が出てニューヨークダウが暴落したら、翌朝の日本市場も影響を受けて、寄り付きから大きく下げて始まるというようなことは普通にあります。

　以上のようなことを考えていくうちに、何が起きるかわからない"不確定要素"が多い持ち越しは避けて、日々、デイトレードでその日の終わりには現金化し、利益を積み重ねていくほうが自分の投資スタイルに合っていると感じるようになったのです。

～第7節～
裁量トレードとアルゴリズム（AI）

　ライブドアショックによって多くの資産を失った代償として得た教訓をもとに、その後のトレードスタイルは徐々に変わっていきました。

◎空売りを新たに追加した売買
◎テクニカル分析による判断
◎デイトレードへの転換

　これらの重要性を理解したので、少しずつ勉強していきました。

　空売りについては、まず空売りについて書かれた投資本をいくつか探してきて読みました。タイトルは忘れてしまいましたが、下降トレンドで空売りを仕掛けるときのいくつかのパターンについて、チャートをもとに詳しく説明されている本があって、すごく良い勉強になりました。

　しかも、テクニカルをもとに空売りのタイミングを判断するものでしたので、チャートをいろいろ見ているうちに、こういう局面では下げそうだというのは感覚的にわかってきました。毎日のようにチャートを見ては、「テクニカルでここまで来たら、上がり過ぎているから売りだ」という基準ができてきたのです。

　デイトレードについても、デイトレーダーのブログや本などを見て

いろいろと勉強しました。

　板の動き方や５分足のチャートなど、いろいろ参考になるものもありましたが、毎日べったりと専業で板に張り付いているわけにはいきません。次第に、「日中に仕事をしているとデイトレードは難しい」と考えるようになりました。思い切って「専業トレーダーになろうか」と思いましたが、まだこのころははっきりとした戦略ができておらず、「これなら専業でも大丈夫だ」という確信が持てませんでした。

　今思うと、あのとき専業トレーダーになり、デイトレーダーの道を選択しなくて良かったと思います。

　デイトレードについてはいろいろな手法があります。当時の私が考えていたのは１分足や５分足を見たり、板の動きを見てすかさず仕掛け、少し利益が出たら確定するといった、瞬間的に利益を積み重ねるような売買でした。

　実際、デイトレーダーには、このような人が多かったのです。「短時間で利益を出して現金化する」ということに惹かれていたのかもしれません。こういうやり方で利益を上げている人がいるのは事実ですが、ただ突き詰めていくと、人によって向き不向きがかなりあると思います。その道に進んでいても、私の場合、きっと駄目になったでしょう。

　私はそこまで深入りすることなくデイトレードを断念しました。その大きな理由として、システムトレードとの出合いが挙げられます。システムトレードを学ぶことで、自分なりのトレードスタイルが確立できたからです。

　デイトレードで瞬間的に利益を出すにはかなりのセンスが必要で、かつ、誰もが同じように再現性のあるトレードを実現できるかというと、それはなかなか難しいのではないかと思います。例えば、ドラゴ

ンクエストのような RPG（ロールプレイングゲーム）では、ひとつ
ずつレベルアップして謎を解いていけば、プレーヤーの能力に関係な
く、クリアすることができるでしょう。

　しかし、アクションゲームやシューティングゲームでは、そうはい
きません。訓練次第でプレーヤーの点数がばらつくでしょうし、プレ
ーヤーによっては点数の伸びにも限界があるのではないかと思いま
す。短時間で敵をあっという間にやっつけるようなものですから、反
射神経や集中力が重要になってきます。そして、この才能は鍛えただ
けですぐに伸ばせるようなものではなく、ある程度、その人が持って
生まれた能力にも左右されるかと思います。

　例えるなら、前者はシステムトレードに近く、後者は裁量によるデ
イトレードに近いです。人によってそれぞれ合う合わないがあると思
いますので、どちらのタイプのゲームが好きなのかも参考にして決め
てもいいかもしれません。

　デイトレード自体は、2006 年くらいの当時は多かったかもしれませ
んが、徐々に数は減ってきているかと思います。

　なぜかというと、東証のシステムが変わったからです。高速で処理
できるようになり、板の動きが速くなってきたのです。その結果、そ
れまで●秒単位で動いていた板の動きが高速化され、0.●●●秒とい
うスピードで処理されて動くようになってきました。

　こうなると、「今、買いが入ったから仕掛けよう」と判断して、ク
リックして注文を出すという、人間ができるスピードを超えています。
人がトレードするよりも機械が売買しないと成立しないような世界に
なっています。

　今では、高速の取引に対応した機械的なアルゴリズム取引のほうが
優位になっています。将棋や囲碁で人間とコンピューターが戦ってい
るようなものです。

AIが進んでコンピューター側が進化してくると、将棋や囲碁の世界では、もはや人間が勝つことはできなくなるということはわかっています。同じようなことが、株のデイトレードの世界でも、いずれ起こることでしょう。いや、すでにそうなってしまっているかもしれません。これから先はさらに従来の「"人"が売買するデイトレード」は厳しい状況になると思います。

　今は、短期売買で小さな利益をとるようなトレードはアルゴリズム取引の主戦場となっています。そんな状況の中、人が手動で売買をすることは、激しい銃撃戦が繰り広げられているところに竹やりで突っ込むようなものと言えます。

　個人投資家はもはや、短期売買という世界で、アルゴリズムを相手に戦う必要はありません。まだアルゴが侵食していない分野で売買を行っていく必要があります。強いものに対し無理して戦いを挑んでも時間の無駄です。勇気は称えられますが、負けることがわかっているのに突撃するのはどうかと思います。

　戦略なくして戦いには勝てません。では、どうやって勝てる戦略を構築し、この相場で戦っていけばよいのでしょうか？

　そのための戦略について、本書を通して考えていきましょう。

第 2 章

なぜ、暴落を狙うのか?

～第 1 節～
資産運用で大切なこと

はじめに、「資産運用で大切なことは何か」をお話しします。

　買った銘柄がどんどん上がっていく上昇相場では、買えば上がる（＝儲かる）確率が高いため、特に難しいことはありません。極論するならば、ただ、買えばよいだけです。

　しかし、下落相場に入ると、話は変わってきます。下落相場では、持ってる株はずるずると値を下げていきます。当然、資産もどんどん減っていきます。

　つまり、相場で資産を増やしていくためには、「この下落相場をいかに乗り切ればよいのか」について、しっかり考えなければならないのです。

　下落相場の中でも一番大きな損失を生み出す状況が「暴落」です。

　第1章の相場サイクルの話で紹介したように、何年かに1回の割合で、暴落は必ずやってきます。「やってくることがわかりきっている」にもかかわらず、ほとんどの投資家は、この暴落が来たときに資産の多くを失ってしまいます。

　投資で重要なのは「長く継続して資産を築くことができるか」どうかです。一時的に上昇相場で大きく利益を上げたとしても、それをた

った1回の暴落で失ってしまっては意味がありません。

　株価が大きく上がる銘柄を探すこと、上昇相場で大きく利益を上げることももちろん重要ですが、それ以上に大切なのは、「いかに暴落相場を乗り切り、資産を減らさないようにもっていくか」です。「攻める」よりも「守る」ほうが重要なことを、ぜひ覚えておいてください。

暴落からの反発をキャッチする
~値動きの原理を知る~

1) 値動きの理由は後付けで決まる

突然、市場が急落したときには、ニュースや新聞などで「日経平均が一時500円安」といったような記事が出ます。その記事内容を見てみると、多くの場合、

「上海市場が急落して投資家が様子見ムード」
「原油価格の下落が止まらず底が見えない」
「雇用統計が予想を大きく下回る結果となった」

などのように、「下がった理由」についての説明がなされています。

「どうして下がったのか」の理由を知ることは、確かに大切なことかもしれません。

しかし、現実問題として、私たち個人投資家にとっては、「どういう理由で下がったか」まで検証することはとても難しい話です。

例えば、雇用統計でマイナスの材料が発表されたと同時に、金融緩和というプラスの材料が出たとします。このとき、株価が上がったとしたら、金融緩和というプラスの材料を受けて上がったと説明されるでしょう。

一方、株価が下がったとしたら、雇用統計でマイナスの材料が出たため下がったと説明されるはずです。

市場には、良い材料も悪い材料も、たくさん転がっています。株価が下がった（上がった）後に初めて、どちらの材料が原因で下がったのか（上がったのか）がわかるのです。

逆説的に言うと、株価が上がったことで上がるような材料を探しにいく、株価が下がったことで、下がるような材料を探しにいくのです。株価の動きは、後付けで理由が決まるわけです。

2）投資家が知りたいのは「今後、どうなるか」

ニュースや新聞などの報道では「何が原因で株価が動いたか」を後から説明するのはとてもうまいので納得することができますが、投資家が一番知りたいのは、「これから株価がどうなるか？」のはずです。

では、これから株価がどちらへ動くかを、どうやって見極めればよいのでしょうか？

ここで、株価がどのようにして決まるかを考えてみましょう。

仮に今、株価100円という値が付いたとします。そのときには「その株を100円で買いたい人と100円で売りたい人が同じ数だけいた」ということになります。ごく当たり前の話ですが、このことを理解しておくことが重要です。

なぜなら、「株価が上がった、下がった」という動きは、単純に考えれば、「その価格で買いたい人がどのくらいいるか、売りたい人がどのくらいいるか」という需給関係によって決まるからです。

以下のチャートを見てください。

2－1　連続陰線

　点線枠の部分がいわゆる暴落にあたるところです。長い陰線が出ています。このときは、「売りたい人が買いたい人よりも圧倒的に多かった」ということがわかります。

　陰線は３日間連続で出ています。一方的に投げ売りされている状態です。つまり、この３日間は「買いたい人よりも売りたい人が圧倒的に多かった」のです。

　ところが、翌日になると状況が変わってきます。一転して大きな陽線が立っています。このタイミングで、買いたい人が売りたい人を大きく上回ったわけです。

　売りたい人が多いうちは株価が下がりますが、売る人がいなくなれば株価も下がらなくなります。株価が下がらなくなって、買う人が増えてくれば、もちろん株価は上がっていきます。この需給関係の変化が暴落時の底打ちを明確に示してくれるのです。

　チャートから需給関係が逆転するところを見つけること。これが、底打ちを見分ける重要なポイントになります。

～第3節～
下げの規模を数値化する
～反転のタイミングを計る～

　44ページで紹介したチャートを見ると、陰線の連続から、大きな陽線が出たところが需給の好転だということがわかりました。

　実際にトレードをするならば、この大陽線が立つ日の寄り付きから買いを入れたいところです。大底からの反転のタイミングで買いを入れることができれば、一番大きな利益を手にすることができるからです。

　ここで問題です。反転のサインとなるような大陽線が出るタイミングを事前に捉えるには、どうすればよいのでしょうか？

　反転のタイミングを捉えるためには、事前に「暴落の規模」を把握しておく必要があります。中途半端な下げでは、底を形成しないからです。一時的に反発したとしても、全体の流れが下落基調であれば、すぐに下げてきます。

　では、「暴落の規模」はどうやって調べればよいのでしょうか？

　結論から言うと、**暴落からの反転を捉える指標**を利用します。それを、本書では「暴落判定」と呼ぶことにします。大きく、以下の3つの捉え方があります。

◎騰落レシオ
◎フィルター1：移動平均線乖離率
◎フィルター2：騰落率（終値の前日比率）

暴落時に大底をつけて反転するタイミングを見極めるための方法を具体的に検証していきたいと思います。

1) 騰落レシオ

そもそも暴落とひとことで言っても「その威力がどのくらいのものか」を誰にもわかるように説明することは、なかなかできていないと思います。

「大幅に下げました」
「ほとんどの銘柄が下げました」
「●●年に一度の大暴落です」

いずれも、暴落したという事実はわかりますが、それが過去の暴落時と比べて"どのくらいの規模"に該当するのかについては、これだけではわかりません。何らかの形で暴落を数値化して定量的に評価しなければ測りようがないのです。

その暴落の規模を示す指標のひとつとして挙げられるのが「騰落レシオ」です。騰落レシオとは、次のように定義されています。値上がり銘柄数を値下がり銘柄数で割って、100 を掛けて計算します。

騰落レシオ (%) ＝ 値上がり銘柄数 ÷ 値下がり銘柄数 ×100

騰落レシオが「100」ということは、そのときの値上がり銘柄数と値下がり銘柄数が等しいということを意味します。つまり、両者が同数ですので、相場も均衡状態にあると言えます。

では、もしも騰落レシオが「100」を下回り、「80」だとしたら、どういう見方になるでしょうか？

　「100」を下回っているわけですから、均衡が崩れていると言えます。具体的には、値下がり銘柄数のほうが増えているということは、下げ相場で売られている弱い相場ということが判断できます。

　一方で、騰落レシオが「100」を上回り、「120」まで来ているとしたら、どういう見方になるでしょうか。「100」を上回っているわけですから、値上がり銘柄数が多いということ、つまり、相場全体は上昇トレンドにあることがわかります。

　騰落レシオについては、第6章であらためて詳しく説明します。ここでは、騰落レシオという指標があることを覚えておいてください。

2）フィルター1：移動平均線乖離率

　暴落が起きたときは、先行き不透明でとにかく毎日下げていくため、「どこまで下がるかわからない」という不安や恐怖感から、「いったん持ち株を売って様子を見よう」と考える投資家が多くなります。

　信用取引を使って買っていた場合には、連日の下げで追証に追い込まれてしまい、やむなく持ち株を強制決済させられる人も出てくるでしょう。

　しかし、そのような"買い方にとって最悪の状態"が訪れ、多くの投資家があきらめて持ち株を売りに出したとき、皮肉にも株価は大底をつけるのです。

　セリングクライマックスというように、暴落の最終局面では総悲観モードで一斉に投げ売りが出ます。みんながあきらめるこのときが、暴落時の大底になります。

　このような"投げ売り"も、感覚的に「大きく下げていること」自

体はわかりますが、やはり数値化して定量化しなければ、過去の相場を参考にして検証することができません。この規模を調べるための数値化の手段のひとつとして "ある物差し" を使ったフィルターを設定します。フィルターとは、「ある条件に一致した銘柄が、どのくらいの数、発生したか」を調べるものです。

例えば、暴落時はほとんどの銘柄が値下がりし、全面安に近い状態となります。その状態を数値化するために、「1日の中で寄りから引けにかけて下げた(=陰線をつけた)銘柄がいくつあるか」を調べます。

仮に、通常の相場であれば200銘柄だったとします。それが、暴落時には1000銘柄になっているようなら、通常時の5倍の暴落の規模になっている、というような使い方をします。

このフィルターのひとつとして挙げられるのが「移動平均線乖離率」です。これは、現在の株価が移動平均線からどのくらい離れているかを示すものです。一般的に、「25日移動平均線」からの乖離率がよく使われます。

次ページの上のチャートを見てください。暴落時にはほとんどの銘柄が急激に下落するため、このように移動平均線からの乖離率が大きくなります。

この25日移動平均線と現在の株価を比較したときに、「何%くらい乖離したところが行きすぎの状態か」を考えます。大型株では、一般的に25日移動平均線からの乖離率が-10%まで下がったら売られ過ぎの状態と言われていますが、大きな暴落局面では、それよりもさらに売り込まれて-20%近くまで達することがあります。ここまで大きく下がる局面はめったにないため、ここまで下がった銘柄が多数出るときは、大きな暴落が起きていると考えてよいでしょう。

では、大きな暴落局面で売り込まれて、25日移動平均線からの乖離率が-20%に達するようなことが、どのくらいの割合で過去にあ

2－2　移動平均線乖離率

2－3　移動平均線乖離率（－20％銘柄数）

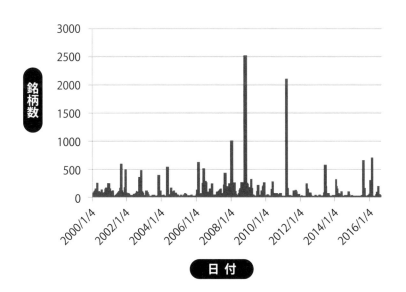

ったかを検証してみましょう。前ページの下のグラフがその結果を示したものになります。

25 日移動平均線からの乖離率が− 20％以下になった銘柄が発生した数を 16 年間で見てみると、リーマンショック時のような暴落では 2500 銘柄と多く発生することもありますが、それ以外のところでは大体 500 銘柄発生するくらいのところがピークと考えられます。

つまり、<u>25 日移動平均線からの乖離が− 20％以下になった銘柄が 500 銘柄を超えたときが、暴落時の最終局面で反発しやすいタイミングだ</u>と推定することができます。

基本的には、これを指標として暴落がどの程度の大きさなのかを判断すればよいのですが、もし、さらに細かくご自身で検証していくときは、以下のことに注意してください。

この乖離率を●％以下にするのか、その銘柄数は●銘柄以上としたらよいかは、移動平均線の日数によって変わってきます。数字自体は「いくつ」でも構いません。今回の例では、「25」日移動平均線を用いた場合には、「− 20」％以下で銘柄数が「500」銘柄以上となりましたが、この数字は、移動平均線の日数が変わると、連動して変わります。そのため、もし移動平均線の日数を変えて使ったときは、先ほどのように過去データのグラフを新たに作って、「いくつくらいが最適になるか」を考えるようにしてください。

3）フィルター２：騰落率（終値の前日比率）

騰落率（終値の前日比率）は、次ページの図のように、前日の終値に対して当日の終値がどのくらい変化したかを示しています。

騰落率が０％以下（マイナス）になるということは前日よりも下落していることになります。「前日に対してどのくらい下げたのか」を

数値として見ることができます。

　この騰落率についても、騰落レシオ同様、話の流れの関係上、第6章で事例を交えて詳しく紹介します。ここでは、こういう指標があることを覚えておいてください。

2－4　前日比ギャップ率（騰落率）

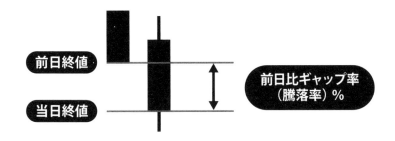

狙うべき暴落とは

　ここまで、「暴落の原理」と「暴落をどう数値化して判定するか」について、お話ししてきました。

　暴落とひとことで言っても、実はさまざまケースがあります。本節では、狙うべき暴落について紹介します。

　暴落が買いのチャンスであることはわかったとしても、すべての暴落に資金を投入するのは、リスクが高すぎます。数値的に暴落と判定できたとしても、それが深い暴落でなければ（暴落判定の数値がかなり大きくなければ）、さらに下がる可能性を否定できません。

　だからといって、数値の大きい暴落を待ったとしても、それは年に数回発生するかどうか、です。下手をすれば、大きな暴落がない年もあります。

　以上を踏まえると、暴落のエネルギーを利益に変えるためには、やはり、何らかのフィルターを掛ける必要が出てきます。

　まず、考えるべきは、数値的に優位性のある大暴落です。リーマンショック級とまでは言わなくても、大暴落と呼べるものがやってきたときには、そこから反転する確率は高くなります。要するに、下落相場での「とどめの下げ」を狙う戦略です。

戦略1：下落相場でのとどめの下げを狙う

　ただし、大きな暴落は、そう何度も起こりません。したがって、機会損失になってしまう可能性もまた考えられます。

　そこで、浅い（＝大きくはない）暴落も狙うことにします。ただし、何も考えずに「下がったから」という理由だけで仕掛けてしまうのはリスクが大きすぎます。浅い暴落である以上、もう1段、もう2段、下がるかもしれないからです。

　したがって、浅い暴落を狙うときは、「上昇トレンド中の暴落」に絞ります。つまり、押し目を狙うのです。

戦略2：上昇トレンド中の暴落（押し目）を狙う

　暴落を拾うというよりも、押し目買いをするという考えでいくならば、上昇トレンド中の下げ（暴落）が絶好の買い場となることについては、あえて説明しなくてもよいでしょう。

　以上を踏まえ、本書では、「下落相場でのとどめの下げ」と「上昇トレンド中の押し目」に絞って、ストラテジーを作っていくことにします。

　なお、本来、下落相場ならば信用売り（空売り）をするのが自然な発想かもしれませんが、本書では、**下落相場でも買いのみで安定して利益を出すことができる**ということを示すために、あえて買いのみを

行う戦略を採っています。

　第3章でシステムトレードの基本、第4章でベースとなる売買ルール、そして、順番は前後しますが、第5章で「浅い下げ（押し目）を狙う」戦略、第6章で「深い下げ（とどめの下げ）を狙う」戦略を紹介していきます。

～第5節～
下げを買いで狙うには
システムトレードが適している

「下げているときに買う」ことに優位性があるとわかったとします。しかし、「知っていることと、できることは違う」のもまた事実です。

例えば今、大きく下げ続けている局面に出くわしているとします。下げ続けているわけですから、その状態が続けば続くほど値段は安くなります。つまり、買いやすくなります。要するに、絶好の買い場というわけです。

でも……。下げ続けている最中に、本当に買うことはできるでしょうか。いつかは下げ止まりが来ますが、その"いつか"は誰にもわかりません。「安くなった」と思って買ったとしても、そこからさらに下げていく怖れは十分にあります。買った時点から資金的に耐えられるところまでの下げなら許容できるかもしれませんが、それ以上に下げてしまったとしたらどうでしょうか。戦略的には正しかったとしても、下げの大きさに飲み込まれて損切りさせられる羽目になってしまうことも考えられるのです。

そのような事態を想像すると、「下げは買い」とわかっていても、実際に買うときには勇気がいることだと思います。

ここで、登場するのがシステムトレードです。「どこが底になるのか」

がわからない以上、裁量トレードで買うことに対して「さらに下がる覚悟で買う」という勇気が必要なことはお話しした通りです。

ところが、システムトレードならば、話が違ってくるのです。あらかじめ、底となって反発しそうな条件を設定しておけばよいからです。決めておいた条件になったときに出動すればよいので、「今、買うべきかどうか」という迷いは軽減されます。

また、条件が成立するまでは何もしなくてもよいということは、終始、値動きを見続ける必要がないということでもあります。その点も、システムトレードのメリットと言えるでしょう。

このように、システムトレードが優れている点は、暴落時、トレーダーにとって最も大事なメンタルの部分を安定させて、相場と対峙できるところにあると言ってよいでしょう。過去のデータを十分に検証した優位性のある戦略を持っていれば、次にとるべき行動は決まっているので悩むことはありません。

普通、暴落時に含み損や実損が広がっていく様子を見ると、ほとんどの人は買い向かう気持ちを持てなくなります。しかし、そういうときこそ相場は底を打ち、絶好の買い場となりやすいものなのです。

個々人により左右されますが、どの程度までの含み損や損失に耐えられるかを事前に検証しておけば、ある程度の下げがきたときも、慌てることはなくなります。暴落時に多くのトレーダーが退場させられるほとんどの要因は、この資金管理ができていないことに尽きるといってよいでしょう。そのような資金管理を重視して行うのがシステムトレードのメリットですから、暴落局面では最も有効なトレード手法だと思います。

以上を踏まえて、本書では、システムトレード主体で「下げからの反発」を狙っていくという話を展開していきます。

第3章

システムトレードについて

～第1節～
システムトレードとは？

インターネットや書店には、たくさんの株式投資の本が並んでいます。「これで簡単に儲かる」「●●円を稼ぐ投資法」のように、株をやっている人にとって魅力的なキーワードがちりばめられていて、思わず手に取りたくなります。

今、世の中に出ている投資本の90％以上はいわゆる裁量トレードに関するものだと考えています。

裁量トレードとは、投資家個人の判断によって売買するスタイルです。例えば、チャートを見て、「直近●日間の上値をブレイクしたら買いだ」といったような少し抽象的な売買基準で説明されているものです。

もちろん、その投資方法自体を否定するつもりはありませんが、そのような本を読んだときには、「本に書かれていることだから正しい」と鵜呑みにしてはいけません。

本などに紹介されている投資法について確認してほしいことの最重要項目は、**「再現性があるかどうか」**です。

仮に、年利30％を実現する投資法について書かれている本があったとします。そして、その本を読んだ投資家が1000人いたとします。

さて、本を読んだ投資家全員がその投資法に従って同じように実際に売買を行ったとして、果たして、全員が同じような利益を出せるで

しょうか？

　おそらく、本に準じたトレードをしても、利益は人によってばらつくことでしょう。大きく利益を出す人もいれば、大きく損をする人もいると考えられます。

　裁量トレードの投資本に書かれていることは、残念ながら、売買基準について曖昧な点が多いように感じています。その本を書いているトレーダーにとっては当たり前のことであっても、本を読んでいるだけの人にはわからないこともあります。

　もちろん、すべてではありませんが、厳密に再現性のあるトレードを行うとすれば、最低でも次のことを明確にしておく必要があります。

・何を買う（あるいは、売る）のか？
・いくらで買うのか？
・いつ買う（あるいは、売る）のか？
・いくらになったら利益確定するのか？
・いつ利益（損失）を確定するのか？

　この５つについて明確に答えられない投資法に再現性を期待するのは難しいでしょう。つまり、これらのことが明確になっていない限りは、多くの投資家が同じように売買したとしても、利益になる人もいれば、そうでない人もいる、というわけです。

　投資に限った話ではありませんが、言葉だけでの説明ですと感覚的なものが入ってしまうため、受け止める人によって個人差が出てきてしまいます。

　このことを避けるには、できるだけ現象を数値化して、誰が見ても同じように理解できるような基準をしっかりと定義する必要があります。

例えば、「暴落して大きく下がったときに買う」という投資法があったとします。この「暴落」とは何をもって暴落とするのか、「"大きく下がった"とはどのくらい下がったときのことを言うのか」など、言葉だけですと範囲が広く曖昧になってしまうことが多くなります。

　これを具体的に表現するには、例えば「暴落」であれば、「全銘柄中90％以上の銘柄が下がったとき」とか、「大きく下がった」とは、「前日終値に対して●●％下がっているとき」などのように、できるだけ数値化する必要があります。

　本書で勧めているシステムトレードでは、あいまいな基準を数値を使って明確にするため、誰が見ても同じように売買する基準を理解することができます。

システムトレードの優位性
〜裁量との違い〜

　システムトレードでは、売買基準が明確になっているため、誰が実行しても同じような結果が得られます。つまり、再現性が高くなります。この点が裁量トレードと大きく違うところです。

　ここからは、システムトレードとはどういうものかについて、少しずつ説明していきたいと思います。

　システムトレードでは、テクニカル指標やチャートをもとに、まずは仮説の売買ルールを決めます。次に、そのルールに従って過去何十年と売買した結果、優位性があるかを検証したうえで、投資方法を決定します。過去の株価の値動きをもとに決定するため、ファンダメンタルやそのときに起きた事件などのニュースは関係ありません。

　実際には、大統領選挙の影響や金利の上げ下げ、雇用統計の結果などを考慮しなくてよいのかと思われるかもしれませんが、それらのことはすべて組み込まれたうえで株価が形成されていると考えています。

　株価は半年先のことまで織り込んで動くと言われているように、株価の動きの中にはそのときに起きた材料が反映されています。そういう株価の動きを過去何十年という膨大なデータから分析し、「こういう動きをしたとき、次はどうなったか」という統計を採り、それをも

とに未来の動きを予測して売買を行います。それが、システムトレードです。

　多くの方は、将来、ある出来事が予定されているときに、「その結果がどうなるか」を予測して売買しようとすると思います。

　例えば、米雇用統計の結果がどうなるかを予測し、良い結果が出ると分析したならば、事前に買いポジションを作る、という行動をとることでしょう。これは、「雇用統計の結果が良い→株価が上がる」と考えた結果だと思いますが、実際は、必ずしもそうなるとは限りません。結果が良かったとしても下がる場合があります。「結果が良い」ということがすでに知れ渡っていて、発表までにその期待感で買われて上がっていたときには、下がる結果になることも普通にあります。よっぽど大きなサプライズがあれば違うかもしれませんが、事実としての良い結果が、事前に買っている人たちの予想と同じようなレベルであれば、すでにそこから新たに買う理由にはならないため、失望感から下げることになります。

　このように、何かの発表やイベントの結果がどうなるかという不安定な事柄を予測するよりも、<u>それまでの株価の動きだけを見て、それが過去の動きと比べてどうだったかを検証する</u>ほうが価値は高いのです。

　例えば、「次の雇用統計の結果はどうなるのでしょうか？」という質問を受けたときに、「チャートと株価の動きを見ていると、下げる兆候が出ているので、雇用統計であまり良い結果は出ないだろうと思います」と話すと、「わかりました、雇用統計の結果が悪いということは、株価が下がるということですね」という答えが返ってくることがあります。しかし、これは、手段と目的が逆転してしまっているのです。

通常は「雇用統計の結果がどうか」という「手段」によって、株価がどうなるかを知りたいという「目的」が達成されると考えるのでしょう。

　しかし、システムトレードではこれまでの株価と値動きを「手段」として、株価がどうなるかという「目的」を知るだけでよいのです。雇用統計の結果自体はおまけですから、特に知らなくてもよい情報なのです。

　このあたりの考えがまだピンとこない、あるいは抵抗があるという方も多いと思いますが、この先、読み進めていくと徐々にわかってくると思います。

期待値について

　本節では、「システムトレードでは、株価の動きを分析して、そこから何をもって、それに優位性があると判断するのか」についてお話しします。

　まず、この質問の答えを先に言うと、優位性があるかどうかは「期待値」で判断します。

　期待値とは、ある投資をしたとき、「投資した金額に対して、それがいくらになって戻ってくるか」を示したものです。

　例えば、あるものに100万円投資したとします。それが結果として80万円になってしまったとしたら、期待値は80％となります。100万円戻ってきたときは期待値100％で、120万円戻ってきたときは、期待値120％となります。

　期待値が100％を超えていれば、投資した額以上のリターンが得られること、つまり、プラスになることがわかります。

　この期待値という考えは、私たちの身の回りの中でもたくさん使われています。

　例えば、競馬で説明しましょう。競馬では、期待値が75％と言われています。この期待値75％とは、「100万円投資しても、（ほとんどの人は）75万円しか取り戻せない」という仕組みになっていることを意味しています。

プレイヤーが私たちとして、25％分の利益を得る胴元がＪＲＡ（日本中央競馬会）とします。プレイヤーベットを繰り返していくと、通算損益では毎回ベットした額の25％分を損します。プレイヤーの損金はそのまま胴元に必ず行く、つまり胴元の利益になります。

　このような仕組みを知らないと、競馬で万馬券がたくさん出てしまったときには、プレイヤーが儲かり過ぎて、「ＪＲＡが潰れてしまうのではないか？」と考えてしまうかもしれませんが、実際はそんなことはありません。胴元には、プレイヤーの25％分の利益が入るように計算されて馬券のオッズが決められているからです。史上空前の高配当の万馬券が出たとしても、負けた人たちがそれ以上にたくさんいるのです。つまり、胴元はコンスタントに儲かるようにできているわけです。

　この期待値75％という数字がどのくらいすごいものなのか、簡単にシミュレーションしてみましょう。

　10人で、ひとり当たり100万円を持って朝から競馬場に行ったとします。実際にはありえませんが、そのレースに賭けるのはこの10人だけとします。そして、1日のレース数が10レースあり、すべてのレースに賭けていくとします。

　まず、1レース目ですが、全員が100万円ずつ賭けて1000万円の資金がベットされ、結果として10人の中で誰かが万馬券を当てて儲かった人も何人か出てきたとします。

　しかし、全体で見ると、そのレース（1レース目）が終わった後には、胴元に期待値25％分の250万円のお金が入りますから、10人のプレイヤーの総資金（手元に残っている金額）は750万円になります。

　では、2レース目です。この750万円の資金を10人が投資すると、このレースが終わったときには、万馬券が当たった人がいたとしても、胴元に750万円×25％＝187.5万円がトータルで入り、プレイヤ

－10人の総資金は562.5万円に減っています。

　これを繰り返していくとどうなるでしょう？　計算すると次ページのようになります。

　よく見ると、恐ろしいことに気づくと思います。最初にプレイヤーが用意した1000万円は10レース目が終わった後には、誰かが途中で高配当の万馬券を当てたとしても、最終的には56万円ほどになってしまうのです。そして、胴元の方には、それ以外の943万円近くのお金が何もせず入ってくるのです。

　こんなに儲かる商売はなかなかありません。だからこそ、競馬は国がしっかりと管理し、民営化しないのでしょう。

　好きな馬がいてロマンとして競馬をたしなむ分には良いと思いますが、お金を増やそうと思って継続的に競馬を楽しんでも、まず儲かりません。

　余談ですが、私たちは、このようなペースで資産が減っていくことを知ったうえで、あくまでも遊びとして割り切ってやるのがよいでしょう。

　ところで、競馬は期待値75％と設定されていますが、宝くじはどうでしょう？　宝くじの期待値はなんと50％です。どれだけ胴元が儲かっているかがよくわかると思います。

　だからこそ、競馬も宝くじも、有名人を起用して派手なCMや広告をバンバン出せるのでしょうね。

　ここで紹介した話は、何もギャンブルに限ったことではありません。世の中にある金融商品と呼ばれるものはすべて、このような考えでできています。保険もそうですし、投資信託や為替など、プレイヤーが胴元に高い手数料を、一定量分、必ず支払っているのです。基本的にはプレイヤーが負けて、胴元側が必ず勝つように計算されています。

＜ 1R ＞

プレイヤー総資金	胴元
1000 万円	0 円
⇒ 750 万円	⇒ 250 万円

＜ 2R ＞

プレイヤー総資金	胴元
750 万円	250 万円
⇒ 562.5 万円	⇒ 437.5 万円

＜ 3R ＞

プレイヤー総資金	胴元
562.5 万円	437.5 万円
⇒ 421.875 万円	⇒ 578.125 万円

＜ 4R ＞

プレイヤー総資金	胴元
421.875 万円	437.5 万円
⇒ 316.4 万円	⇒ 683.6 万円

⋮

＜ 10R ＞

プレイヤー総資金	胴元
56.313 万円	⇒ 943.68 万円

プレイヤーの資金減少

胴元の資金増大

保険会社や証券会社などは、立派なビルを建ち上げ、社員にも高い給料を払っています。それだけのお金がどこから出ているかというと、先ほど説明したようなプレイヤーから吸い上げた資金から捻出されているのです。

　このように、世の中の金融商品の根底には、胴元が大きく勝ち、プレイヤーは負けるようなルールが最初から計算されています。そのことを知りましょう。

　話を戻します。システムトレードの良いところは、「過去の検証結果をもとに、期待値が100％を超える売買ルールを作ることができる」という点にあります。つまり、株式市場において、プレイヤー側ではなく胴元として参加することができるのです。

　もし、「システムトレードは本当に使えるものなのか？」と疑問に感じるのであれば、それは、「中央競馬会やカジノ、保険会社がつぶれてしまうのではないか？」ということを心配していることと同じです。

　期待値をコントロールできるようになることは、株に限らず、金融商品やビジネス、私生活等、いろいろなところで役立ちます。

　今回は株式市場という枠の中で見たときの話になりましたが、次節からはもう少し突っ込んで、システムトレードの詳細を説明していきたいと思います。

～第4節～
チャート分析について

　システムトレードのロジックを構築するうえで必要なのは株価のチャートです。

　システムトレードでは、過去10年以上の膨大な株価の値動きをもとに、**「ある特徴的な動きが見られたとき、その後、株価はどう動いたか」**を検証します。使うものは株価の動きのみです。ファンダメンタルの要素は基本的には使いません。四季報や日経新聞なども、多少は参考になるかもしれませんが、あえて必要なものではありません。むしろ、書かれている記事の内容を見て、主観が入ってしまうことのほうが怖いので、マイナス面があると言ってもよいかもしれません。

　例えば、「景気が減速して株価は下降トレンドに入っている」といった記事を読んでしまうと、「これから株価が下がりやすい」という情報がインプットされてしまい、無意識のうちにシステムトレードのロジックを売りに偏ったルールで作ってしまう可能性があります。

　本来のシステムトレードでは、相場の方向性を考えることはなく、売りだけでも、買いだけでも利益を出せるロジックを作れます。

　にもかかわらず、例えば、全体相場が下がるという情報（＝ノイズ）を入れてしまうと、買いのシステムを止めてしまったり、売りの比重を増やしてしまったりなど、（全体の売買が）下がる方向に偏向したシステムにしてしまうことがあります。そうなると、システムトレードとはいえ、実際の売買が裁量トレードに近いものになってしまう怖

れがあるので注意が必要です。

　では、「チャートをどのように使ってシステムトレードを行うのか？」について簡単に説明します。

　次ページの上段のチャートを見てください。これは、ソニー（6758）の2019年1月末〜9月のチャートです。

　このようなチャートを見ながら、「株価が上がっているときにはどういう特徴があるか」「株価が下がっているときにはどういう特徴があるか」などを考えてロジックを作っていきます。

　例えば、四角点線枠部分に注目すると、陽線が連続しているときは株価が上昇していることがわかります。そこで、次のようなロジック（仮説）が売買条件として考えられます。

「3日連続して陽線が出た後は、翌日も陽線が出やすい」

　このロジックが機能するかどうか。まずこのチャートと同じ半年間で検証してみると、次ページの下段のようなグラフになります。

　これを見ると、大きくマイナスになることもなく、プラスを積み重ねていて、優位性のある売買ルールのように感じます。

　しかし、このロジックが本当に正しいかどうかを確かめるには、この半年間の検証だけでは足りません。少なくとも10年以上の期間で見て同じようなことが繰り返されていれば「正しい」と判断することができます。

　それでは、10年以上の期間で「3日連続で陽線が出た後、『翌日の寄り付きで買いを行い、その日の引けで手仕舞いする』という売買を行ったらどうなるか」を検証してみます。検証期間は2000年から2019年までで行います。

　売買を行った損益を示すグラフ（73ページ上段）を見ればわかる

3-1　ソニー（6758）のチャート

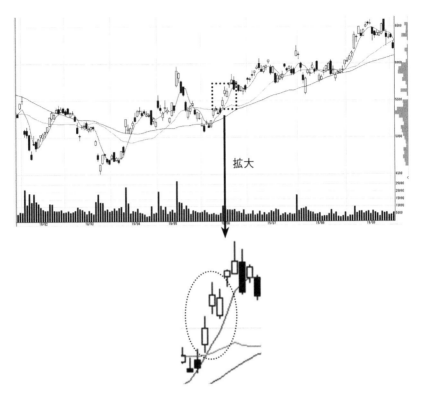

拡大

3-2　ソニーの損益の推移（2019年1月～7月）

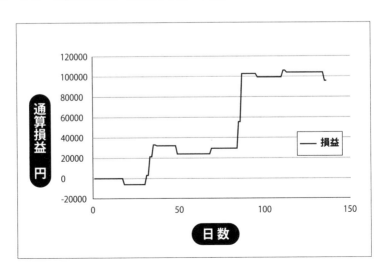

ように、ロジックのアイデアを作った期間である 2019 年（丸印の部分）を見ればプラスになっています。しかし、19 年間という長期の結果を見ると、勝ったり負けたりを繰り返していて、トータルではあまり利益になっていないことがわかります。

この時点であまり優位性がないと判断できますが、より検証の精度を上げるために、対象となる銘柄をソニーだけではなく、他の東証一部の大型株にも適用してみます。

売買ルールに、「東証一部で 20 日間の平均売買代金が 30 億円以上」という条件を追加してみました。

その結果、次ページの下段のように、損益を示すグラフは、きれいな右肩下がりになってしまいました。優位性がない危険なトレードであることがはっきりわかります。

世の中にあふれている、「こうすれば儲かる」というような投資法を見つけたときに確認してほしいことが 2 つあります。

◎ひとつの銘柄だけを対象とした投資法ではないか
◎長期間（10 年以上）で検証されているか

例えば、「●●な売買方法で買えば利益になる」というような手法があったとします。このとき、上述したソニーのように、半年間の売買結果だけだとプラスになりそうに見えてしまう投資法でも、「他の銘柄に適用したら機能しなかった」ということが、検証するとよくわかります。

このように、チャートを参考に「何か特徴的な動きはないか」を考えてアイデアを絞り、そのアイデアの優位性をバックテストで検証するという作業を繰り返していくことがシステムトレードになります。

システムトレードのメインは、「ロジックを構築し、それを検証す

3−3　ソニーの資産曲線（2000年1月〜2019年7月）

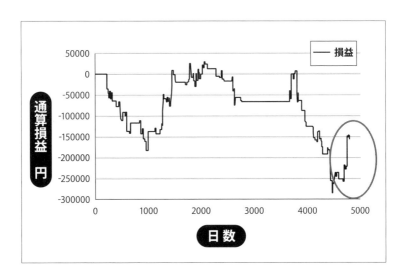

3−4　東証一部全銘柄の資産曲線（2000年〜2019年）

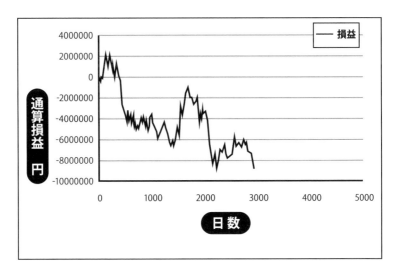

るステップ」にあります。ここでいくつものアイデアを出し、それぞれの優位性をバックテストによって検証します。普通は、良い条件がいきなり見つかることはなかなかありません。改良を重ねてバックテストを何度も繰り返し、地道な努力で良いルールを作っていくことになります。

　システムトレードの難しいところはまさに“ここ（何度も検証を繰り返して良いルールを作ること）”にあります。ただ、大変な作業ではありますが、努力すればクリアできます。

　裁量トレードでは反射神経が必要だったり、相場に対する独特な感覚が必要だったりと、誰もが真似してできるようなものではないトレード方法がありますが、システムトレードで必要とされるのは地道な努力の積み重ねだけです。特別な才能は必要ありません。時間と努力に比例して、誰でも上手にトレードをこなせるようになりますから、厳しいことがあっても乗り越えてほしいと思います。

　ロジックを構築し、バックテストで優位性が確認できれば、あとはそのシステムを実運用で使うことになります。このフェーズでは何かを考えてすることなどはなく、システムの売買ルールに従って日々売買シグナルを確認し、淡々と指示通りに売買を行っていくだけです。ここまでくれば、あとは相場の動きを気にすることなく、システムを信じて売買するだけです。

3−5　システムトレード構築の流れ

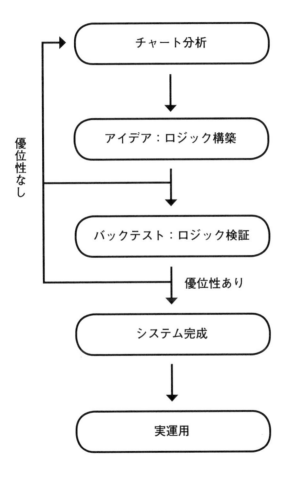

~第5節~
システムトレードの注意点

　システムトレードをしていく中で、いくつか気をつけなければならないことがあります。

　ここでは、システムトレードで陥りやすい、いくつかの注意点を説明していきたいと思います。

1）カーブフィッティング

　例えば、あるストラテジーで、次ページ上段のような優位性がありそうな資産推移曲線が得られたとします。

　これを見て、良いストラテジーが完成したと大喜びしてしまうかもしれませんが、ちょっと待ってください。ここでよく見てほしいのは検証期間です。確かに優位性がありそうな傾向はありますが、検証期間が 2013 年の 1 年間になっています。たまたまそのときの相場がアベノミクスのような上昇相場だったとしたら、買いのストラテジーならば、うまく機能していて当然でしょう。それは結果を見ればわかることですが、果たしてその売買ルールがその後の相場でも通用するでしょうか？

　そこで、検証期間を 2007 年から 2018 年 12 月にしてみます。さぁ、どうなるでしょう？　次ページ下段のグラフを見てください。

　このように、12 年を通して見るとマイナスになってしまうことが

3－6　あるストラテジーの資産推移曲線

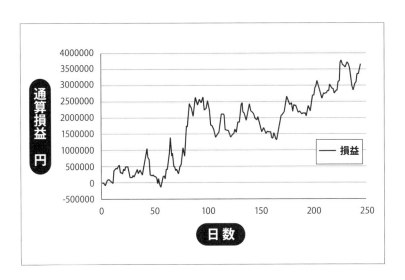

3－7　全銘柄の資産曲線（2007年１月〜2018年12月）

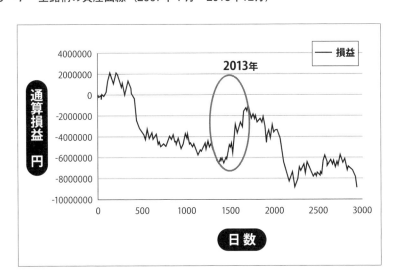

わかると思います。

　このストラテジーの場合、上昇相場では、確かにプラスにはなるものの、それ以外の相場、例えば下降相場に入った途端に機能しなくなっているのです。

　相場のトレンドには、前章でも説明したように、約10年のサイクルがあります。上昇相場も下降相場も暴落も、10年というスパンで見たときに一巡してほぼすべての相場の動きを経験することになります。ですから、検証期間として、少なくとも10年間は見ておく必要があります。

　このように、ある売買手法があるものの、その一部の期間だけしか機能していないような状態のことをカーブフィッティングといいます。

　裁量トレードなどでよく見られるケースは、検証期間が短いものです。検証期間が短いからこそ使える投資手法には、将来的に使える保証はありません。むしろ百害あって一利なしです。

　これまでは、ある投資手法が紹介されたとして、読者のほうでは、「それが本当に正しいか」を検証することができなかったので、そのまま信じるしかなかったかもしれません。

　しかし、今はバックテストを行って読者も自分で検証できる時代になったのです。まずどんな投資手法であっても、それを実際に検証してみることが重要です。その検証すらも難しいような売買手法や自分の中で理解しがたいものであれば、手を出さないほうがよいでしょう。

　また、バックテストの検証は、少なくとも2003年くらいから現在までの期間で行うことをお勧めします。この間にライブドアショックやチャイナショック、アベノミクスバブル、トランプショックなど、さまざまな相場の動きを経験しているからです。この中でも安定した

成績が出ている投資法であれば、実運用にも使える可能性が高いストラテジーだと言えます。

2）トレード数

カーブフィッティングしやすい条件として、検証期間の短さに加えて、もうひとつ重要な点があります。それがトレード数です。

例えば、以下の図のような扇風機の羽根があるとします。この4枚の扇風機の羽根のうちのひとつに色を付けます。この状態で扇風機が高速で回っている中、カメラで写真を4枚撮りました。その結果、羽根はこのように写っていました。

さて、このとき扇風機の羽根は右と左のどちらに回っていたか、わかりますか。色の付いている部分に注目すると、色の付いた羽根が右から左にひとつずつ動いていますから右回りに回っていたと考えるかもしれません。

しかし、実際にはこれはその逆で左回りに回っていたということがわかっています。では、なぜ写真と実際の動きが異なるのでしょうか？

それは簡単で、写真の数が少ないからです。

扇風機の羽値は目に見えないほどの高速で回転しています。その状況の中で、たまたま撮れた瞬間の写真を4つ並べているだけなのです。実際の回転数に対して4つの写真だけでは、データとしてあまりに少ないです。もし、回転数以上の高速で撮影できるカメラで連続して大量

に撮れた写真があれば、そのようなことにはならないでしょう。つまり、高速で連続撮影した写真の数が多ければ多いほど真実により近い結果が表れ、どちらに回っているかを判断しやすくなる、というわけです。

　このことをトレードに当てはめて考えてみましょう。この写真の数に相当するのが「トレード数」になります。

　次ページの上段の図を見てください。条件 A、B、C、D の売買ルールがあったとします。売買条件を絞り込んでいったときに、このような資産推移曲線が得られたとします。右肩上がりでとてもきれいな資産推移曲線です。

　しかし、とても奇妙なことに、推移の仕方がカクカクしています。これはプロットされる点数（＝取引回数）が少ないため、間隔が開いて少しスカスカな動きに見えてしまっているからです。

　売買条件を追加していき、売買対象を絞りに絞って行った結果、生まれたのがこのグラフです。そのため、条件を追加して絞る前の条件 A のみでバックテストしてみると、次ページの下段の図の太線のようになっていました。

　条件 A だけのバックテスト結果では、マイナスになったりプラスになったりなど、不規則な資産推移をしています。これでは、優位性があるルールとは言えません。

　しかし、ここに、条件 B、C、D を追加することで、A だけのときよりも資産推移曲線はスムーズになっているのです。どういうことかというと、次ページの上段のグラフ（条件 A ＋ B ＋ C ＋ D）は、条件 A のときの資産推移曲線（次ページ下段）から、良いところの点だけを拾うことで、点線で示した右肩上がりの上昇曲線（次ページ下段の破線）を作っているのです。

　このように、バックテストをしていく中で、右肩上がりのきれいな資産推移曲線を描くストラテジーができたとしても、過剰に条件を追

3-8-1 （条件A＋B＋C＋D）ストラテジーの資産推移曲線

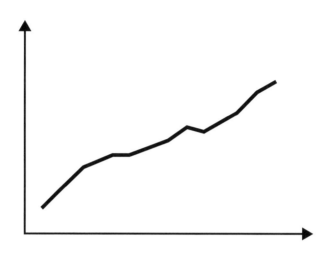

3-8-2 （条件A）ストラテジーの資産推移曲線

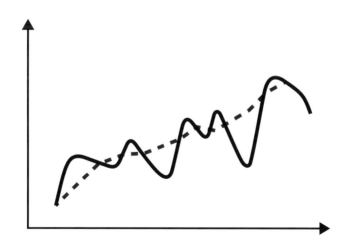

加して良いところだけを抽出して作ったものだと、実際の売買では使えないことがあります。

どんなに良い資産推移曲線だったとしても、ストラテジーの基本となるロジックで、ある程度の優位性が出ていなければいけません。基本ロジックで、かつ、トレード数が多いときにしっかりとした優位性が出ているのであれば問題ないのです。ところが、条件を外していくと、どんどん資産推移曲線の形が変わり、トレード数も減っていく場合は、過剰に最適化しすぎている可能性があります。トレード数が多くなるほど取引する機会も増え、資産推移曲線を描くときのプロット数も増えます。このトレード数が多い状況の中でも、なめらかな右肩上がりの資産推移曲線が描けるようになるのが理想的です。

トレード数については、システムトレードを見る中で、一番重視しなければいけないといっても過言ではありません。私がバックテストの結果を見て、最初に気にするのは全体的な資産推移曲線の形です。それが良かったとき、次に見るのがトレード数です。

一見、良さそうに見えるストラテジーが出来上がったとしても、トレード数が極端に少なかったりすると、「良いところだけに絞り込んで過剰に最適化しているのではないか」と疑問に感じます。「本来、使えば使うほど成績が悪くなるロジックを、ある条件が多く重なった例外的なケースのみで使うことでよく見せているのではないか」ということなのです。過剰に最適化してしまうと、実際に運用したとき、何かしらの条件から外れてしまい、バックテストのような結果にならなくなる可能性が出てきます。

話をまとめます。トレード数を増やせば増やすほど、より実際の姿に近づきますので、バックテストと実運用の乖離が少なくなってきます。このことを覚えておいてください。

3−9　売買条件とトレード数の関係

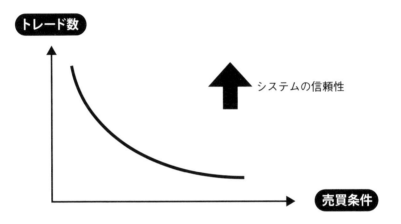

シンプルな売買条件のシステムほどトレード数が多く信頼性が高い。複雑で多い売買条件では、成績は良く見えてもトレード数が少ないため、信頼性が低い

3）売買手数料

さて、トレード数を増やすと、大きな問題にぶち当たります。その問題とは「売買手数料」のことです。

トレード数が増えると、実際に売買したときに発生する手数料も増えます。つまり、手数料による損失が多く発生します。そのため、トレード数が増えれば増えるほど、全体としての利益が圧縮されてくるというジレンマが出てきます（次ページの図）。

売買手数料が高いと、トレード数が増えることで手数料負けしてしまいますから、思い描いていたような成績にならない怖れが出てきます。

売買手数料がいくらかは、個人投資家にとってはとても重要な問題です。今となっては少ないケースかもしれませんが、証券会社の店頭で、対面での売買の注文をすると、かなりの手数料が取られます。電話での注文も高い手数料が取られます。さらに、ある銘柄を買うときと、それを利益確定して売るときの往復分で手数料が2回発生します。

このようなやり方で、個人投資家がデイトレードのような短期売買をたくさん行うと、ほぼ手数料負けしてしまうことになります。

しかし、証券会社で自己売買を行うトレーダー（プロ）は違います。手数料が圧倒的に低く、ほとんど気にならないくらい安いので、トレード数が増えても手数料の影響は微々たるものです。

手数料の少なさから、短期で何度も売買するようなトレードも可能になります。そのため、デイトレードのような短期売買では、どうしてもプロのほうが有利な状況になっていました。

これが、個人投資家とプロとの「大きな差だった」と言ってよいでしょう。

3-10　トレード数と総利益と売買手数料の関係

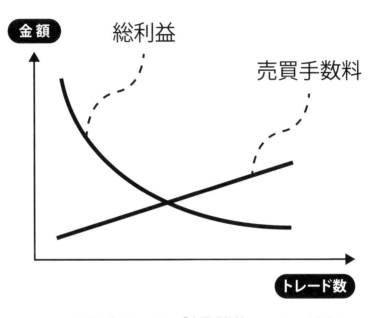

トレード数が増えていくと、「売買手数料＝1トレードあたり
の売買手数料×トレード数」が増えてくるため、総利益が売
買手数料分だけ下がってしまう。

ただ、この状況も、今では違ってきています。ネットでの売買ができるようになったことで、個人投資家の手数料も格段に安くなったからです。先ほど「大きな差だった」と過去形で表記した意味はそこにあります。

　手数料については、年々、証券会社ごとに改善されて安くなっていく傾向にあります。売買手数料を安くしてもトレード回数が増えるため、証券会社としても利益を圧迫されることがありません。とても良い傾向です。

　最近の売買手数料では、往復で一律150円〜300円とか、デイトレードのように一日で完結した場合には手数料が0円という証券会社も出ています。具体的な各社の手数料を比較してみると下表のようになります（2020年10月時点）。

　現在はネットでの売買をする限りは手数料においては、それほど障壁となることはなくなってきました。このように、ネット証券が台頭してきたことで、個人でもプロと同等に戦える環境が整っているのです。

　そうはいっても、売買手数料も立派なコストなので、できれば手数料の安い証券会社を使うようにするとよいでしょう。

	売買手数料	備考
SBI証券	※0円	1日の約定代金合計額に応じて手数料が決まるアクティブプランの100万円以下の手数料は、現物取引・信用取引ともに『0円』
GMO証券	※0円	1日定額プラン
松井証券	※0円	1日信用取引
日興SMBC証券	※0円	ダイレクトコース
岡三オンライン証券	※0円	超プレミア、プレミアゼロプラン

※信用取引の手数料（2020年10月時点）

4）資金管理とドローダウン

トレードの中で重要なもののひとつが「資金管理」です。これは、非常に大切な要素なので、少し詳しく説明したいと思います。

例えば、「ある銘柄の株価が上がる」という情報を聞いて、トレードをした人（Aさん、Bさん、Cさん）がいたとします。Aさんは全資金の20％を投資、Bさんは全資金の50％を投資、Cさんは全額投資しました。

その後、実際、思惑通りに株価が動きました。3人とも利益を手にできそうに思えましたが、Aさんは大きくプラスになったものの、Bさん、Cさんはマイナスとなりました。実際に株価が上がったのに、なぜこのようなことが起きたのでしょうか？

例えば、投資した銘柄を半年という期間で見たとき、始まりと終わりだけに注目すれば株価が2倍に上がっていたとします。しかし、その間、一時的に20％近く株価が下落していたとします。

このような状況下では、全力の資金で投資していたCさんは20％のマイナスを抱えることになります。損失の大きさに耐えられなくなり、「もう駄目だ」と思って損切したくなる心境になってしまっても無理はありません。

一方で、Bさんは全資金の半分しか投資していないので、（その銘柄が）20％下がったとしても、全体の資産に対して10％（20％×0.5＝10％）のマイナスで抑えられています。マイナスが少ないほど精神的には負担が少ないため、Cさんほど気にせずに持ち続けることができます。

Aさんの場合になると、全資金の20％の投資になるので、（その銘柄が）20％下がったとしても、全体の資産に対して4％（20％×0.2

＝4％）のマイナスで抑えられます。精神的なストレスをほとんど感じることなく持ち続けることができます。

このように、トレードにおいては、リスクとリターンの関係を考える必要があります。多くの場合、大きなリターンを求めるあまり、リスクを考えない傾向が見られます。投資の世界で長く生き残るうえでは、リターンを考えるよりも、「どのくらいのリスクまで耐えられるか」を管理することのほうが求められます。その人の許容量を超えてしまうリスクを取ると、有効な投資方法であっても、人によって使えなくなってしまいます。Aさんは、このようなリスクを考えて資産を管理していたからプラスになった、というわけです。

この一時的に逆に動いて含み損が出ることを「ドローダウン」と言います。例えば、ドローダウンが10％と言ったら、投資している全資金に対して含み損が10％出たことを意味します。つまり、100万円をその銘柄に投資したときに、10万円の含み損が出ている状態です。

ドローダウンは「含み損を抱える」という意味で、メンタルに影響を与えます。低ければ低いに越したことはありません。

このドローダウン、どこまで含み損に耐えられるかは人によって異なります。

100万円を投資して50％まで含み損を抱えて資金が半分になったとしても、あまり気にしない人もいるかもしれません。

逆に、1000円損しただけでも、気分が落ち込んでしまう人もいるでしょう。

必ず上がる銘柄があり、ゴールはいくらになるというのがわかっていても、その途中では上がったり下がったりします。つまり、思惑通りに動いていない間は、多くの場合、含み損が出てしまいます。

そのときに、全資金のどのくらいをその銘柄に投資しているか、ま

た、それによって発生するドローダウンをどこまで耐えきれるかというメンタルの部分が投資判断に大きな影響を与えます。

　先ほどの例では、Cさんは全資金を投入したため、ドローダウンの額も当然大きくなります。ということは、ドローダウンとして耐えられる許容範囲が大きくないと、一時的に大きく下がったときに損切してしまうことになるはずです。

　一方、投資した額が少ないBさん、Aさんの場合には、「まだ余力がある」という精神的な余裕があるので、多少逆に動いたとしてその銘柄を持ち続けることができるはずです。

　このように、以下の2つのことを正しく理解しておかないと、上がることがわかっている銘柄に投資しても同じように利益を得ることができなくなります。

3－11　理解しておくべき2つのこと

**全資金の
どのくらいを投資するか**

＋

**ドローダウンの
許容範囲はどのくらいか**

ドローダウンの許容範囲はその人の性格にも左右されるため、とても難しいものです。

　例えば、お金持ちの人でも、お金を貯め込んで使わず、安いものだけで生活している人もいれば、お金がなくても派手に使ってしまう人もいます。金銭感覚のようなものですから、これは、その人の性格によって違っていて当然なのです。

　また、損した金額についても受け止め方が難しいです。例えば、100万円損したときに、それが1億円の資産を持っている人の損なのか、200万円の資産しか持っていない人の損なのかによっても、意味合いが違ってきます。

　また、10億円持っている人でも100万円という金額そのものを多いと思っている人には、大きい損失と感じてしまうことがあります。

　このような感覚による差異をなくすためにも、絶対値としての金額で語るのではなく、「●％の損をした」という見方をお勧めします。「％」で考えれば、個人差に左右されることなく、判断できると思います。

　ドローダウンのやっかいなところは、利益と切り離せない点にあります。大きな利益を求めるならば、当然、それに見合ったリスクも同じように伴ってくるからです。

　リスクとリターンは同じだけ共存するものです。ハイリスク・ハイリターン、ローリスク・ローリターンというのが本来の姿で、ローリスク・ハイリターンというようなものは、世の中にそうそうあるものではありません。

　「投資で大きく稼ごう！」と考えると、どうしてもリターンだけを大きく考えてしまいがちになりますが、本来、リスクについても「どのくらいまで耐えられるのか」をよく考えなければなりません。株に限らず、世の中にはいろいろな投資話がありますが、あの手この手を

使って「こんなに儲かる」という話を聞かされます。仮に「すごく儲かる投資があるからやってみないか？」と勧誘されたときに、まず聞くのが、「すごい儲かるとは、年利で何％出るものなのか」「そのときに発生するドローダウンは何％くらいを想定しておけばよいのか」「それを検証したデータはあるのか」などです。それらをすぐに示せるようなものでなければ、怪しいと思ったほうがよいでしょう。

　システムトレードでは、これらを明確に示します。検証結果をもとに、客観的に「その投資法に優位性があるかどうか」をすべて数字で語ることができるのです。

5）売買ルール

　「株はギャンブルだからやめたほうがよい」というようなことを言われたことが、一度くらいはあるかと思います。

　株＝ギャンブル。それは、ある意味では正しいのですが、「投資する人によってギャンブルにもなるし、安定したビジネスにもなる」という理解のほうがより正確だと考えます。これらをひとくくりにして「株はギャンブルだ」と考えてしまうのは大きな間違いです。

　先ほどの資金管理とドローダウンが、人によって異なるというのもひとつの理由です。ここをどうするかによって、同じ投資でもリターンを得るケースもあれば、ギャンブルになってしまうケースもあるからです。

　資金管理とドローダウンのほかに、もうひとつ重要なものがあります。それが、売買ルールです。これは、「いつ、どういったタイミングで売買するか」を決めるものです。売買ルールによって、株式投資がギャンブルなのか、安定したビジネスとなるかが決まってきます。

ひとつ、例を挙げて考えてみましょう。カジノでルーレットという ゲームがあります。ルーレットを回して何が出るかを当てるもので、 一番単純なのは「赤か、黒か」に賭けて、当たれば賭け金の2倍、外 れたら賭け金がなくなるというルールに基づくものです。これだけ聞 けば、十分なギャンブルだと言ってよいでしょう。

　しかし、ここで、その賭け方についてもう少し考えてみます。例え ば1回だけ参加するとしたら、1回の確率は1/2ですから、もちろん ギャンブルです。これを、もし「負けたときはその負けた額の2倍の 金額を次の回にベットする」としたらどうなるでしょう？　例えば、 1回目に1000円賭けたとして、負けたら次の回では2000円を賭けま す。これも負けたら、その次の回では4000円を賭けます。そういっ たルールでベットしていくと、次ページのようなことが計算できます。

　このような感じで勝つまで繰り返していくことになります。この推 移を見るとわかるように、どこかの時点で勝ったときに、それまで発 生したすべての損失をカバーして必ず1000円プラスになって終了す ることがわかります。

　言い換えれば、何回負けても1回勝つまで続ければ必ずプラスにな るのです。これならば、リターンは少ないもののリスクはゼロで、損 することはありませんから、当初はギャンブルであったルーレットの ゲームも安定したビジネスとなります。

　ただ、計算上はそうなりますが、そんなにおいしい話はあるのでし ょうか？

　残念ながら、このやり方が成り立つためには、ひとつ大きな障壁が あります。それは「負けた後も継続していけるだけの資金があるかど うか」です。負けた金額の倍を順次賭けていくことになりますので、 当然、多くの資金が必要になってきます。負けが続いてしまったその ときに資金が底をついたらゲームオーバーになってしまうからです。

◎1回目の投資額：1000円

　→勝ち：終了（2000円－1000円＝1000円の利益）

負け（1000円の損失）

◎2回目の投資額：2000円　→　勝ち：終了［4000円－2000円（今回の投資額）－1000円（前の回に発生した損失）＝1000円の利益］

負け（2000円の損失）

◎3回目の投資額：4000円　→　勝ち：終了［8000円－4000円（今回の投資額）－3000円（前の回までに発生した損失）＝1000円の利益］

負け（4000円の損失）

◎4回目の投資額：8000円　→　勝ち：終了［1万6000円－8000円（今回の投資額）－7000円（前の回までに発生した損失）＝1000円の利益］

逆に言えば、資金が無限大にあるならば、必ずプラスになりますので、これはギャンブルではなくなります。それでもまだ「ギャンブルに変わりない」と言う人がいるならば、このルールでやること＝勝つまでやってもよい、ということだと変換してみましょう。勝つまでやってもいいのなら、負けは絶対にないわけですから、ギャンブルとは言えないことがわかると思います。

　もちろん、今、紹介したケースは極端な例ですが、株式投資でも、このやり方に近づけるような売買ルールができれば、単なる株価の上げ下げを予想して賭けるといったギャンブルではなくなってくると言えます。

　そのような優位性のある売買ルールを、バックテストによって検証して見つけ出していくのがシステムトレードなのです。

　ちなみに、先ほどのルーレットでの例ですが、私の知人でこのやり方を実践した人がいました。ルーレットで赤に賭け続けて負けたら倍にして次の回に参戦していったところ、順当に利益は出ていたようですが、あるところで逆が続き、最終的に13回連続で逆が来てゲームオーバーとなったようです。これだけ連続で逆に行くことは自然に考えたらかなり低い確率です。

　でも、「それが起きた」ということを考えると、「ルーレット自体、カジノ側でいくらでも操作できるから……」というところに行き着いても仕方ないかもしれませんね。

6）マーケットインパクト

　システムトレードにおいて、実際に次ページの上段のようなストラテジーを作ってバックテストしたところ、次ページの下段のようなとても良い資産推移曲線が得られたとします。

3-12 あるストラテジーと、その損益の推移

◎初期資産　300万円
◎デイトレード
◎信用レバレッジ2.5倍。全資産を10銘柄に分散投資
◎買い＆売り　併用
◎売買対象
　　・全市場（東証一部、二部、大証、JASDAQ、マザーズ）
　　・売りは貸借銘柄
◎3日平均売買代金　1億円以上
◎優先順位　5日移動平均乖離率
◎複利運用

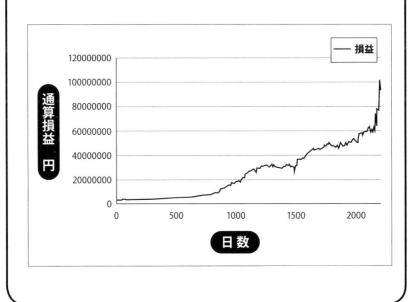

初期資産300万円でスタート。14年間の取引後の総資産は1億7500万円に達します。通期利回り5830％と素晴らしい結果です。このストラテジー通りに運用していけば、「悠々自適の、夢のような生活が送れそうだ」と考えてしまうことでしょう。

ただ、これだけを見てそう判断するのは早計です。まず、このシステムの売買条件を確認しましょう。おおよそ次ページの上段のようになっています。

この中で、実際の売買において成立しない可能性がある条件がいくつか入っています。5分くらい時間を取って考えてみてください。

では、解答です。注意すべき条件に波線を引くと、次ページの下段のようになります。

さて、これらの条件が「なぜ、実際にはありえない条件」なのでしょうか？

①平均売買代金

まず「3日間平均売買代金　1億円以上」という条件に注目してください。これが何を意味するかというと、「3日間通しての売買代金を平均したものが1億円以上の銘柄のみを対象としている」ということを意味しています。例えば、以下のような場合が考えられます。

1日目の売買代金：1億円

2日目の売買代金：1億5000万円

3日目の売買代金：5000万円

→3日間合計：3億円　＝　1日あたりの平均売買代金1億円

1日の平均売買代金が1億円以上と言うと、どのような銘柄がイメ

◎初期資産　300万円

◎デイトレード

◎信用レバレッジ2.5倍。全資産を10銘柄に分散投資

◎買い＆売り　併用

◎売買対象

　　　・全市場（東証一部、二部、大証、JASDAQ、マザーズ）

　　　・売りは貸借銘柄

◎３日平均売買代金　１億円以上

◎優先順位　５日移動平均乖離率

◎複利運用

◎初期資産　300万円

◎デイトレード

◎信用レバレッジ2.5倍。全資産を10銘柄に分散投資　②

◎買い＆売り　併用

◎売買対象

　　　・全市場（東証一部、二部、大証、JASDAQ、マザーズ）

　　　・売りは貸借銘柄

◎３日平均売買代金　１億円以上　①

◎優先順位　５日移動平均乖離率

◎複利運用　③

ージできるでしょうか？　例えば次ページは、「8421　信金中央金庫
（信金中金）」の寄り付き前の板を示したものです。3日間の平均売買
代金が1億円以上という条件のとき、売買代金1億円〜2億円に該当
する銘柄です。

　この板を見るとわかるように、値段がとびとびになっていて、出て
いる数量も1株単位で、2株や3株など少ない株数が並んでいます。

　仮に、このような板のときに、「全資産を10銘柄に分散投資」とい
う条件で1000万円の資金を持つ人が成行買い注文を出したらどうな
るでしょうか。

　1銘柄当たり100万円の買い注文が入ると、板がいくつも飛んだ
上のところで値がついてしまうため、現在の値段を一気に上に押し上
げてしまいます。例えば、この板では現在値が217600円になります
が、この金額で今すぐ100万円買いたいと思って成行注文を出すと
します。本来なら100円刻みで注文が入るので、217600円と217700
円 あたりに売りの注文がたくさん入っていればそこで約定します。

　しかし、現実の板で注文すると、218400円の2株と218500円の2
株が約定することになり、本来買いたいと思っていた217600円より
も3400円［（218400円－217600円）×2株＋（218500円－217600円）
×2株＝3400円］も高い値段で買ってしまうことになります。

　これは、「**3日平均売買代金1億円以上**」「**1銘柄当たり100万円**」の
条件の場合ですが、もしも、この平均売買代金が5000万円、1000万円
と少なくなってくると、さらに板がスカスカの状態になっていきます。

　また、1銘柄当たりの資金が100万円から200万円、500万円、
1000万円と増えていくほど、売り板のさらに上のほうまで買ってい
ってしまいます。

　実際の売買でこのような注文をすればそうなるのですが、バックテ
ストにおいてはそうはなりません。過去の株価データをもとに検証す

3－14　信金中央金庫の板

買玉	自	発	売	中	買	発	自	売玉
				TOTAL				
				成行				
			130	OVER				
			1	218600				
			3	218500				
			2	218400				
				218300				
				218200				
				218100				
				218000				
				217900				
				217800				
				217700				
				217600	15			
				217500	12			
				217400	13			
				271300	2			
				271200	1			
				271000	6			
				271000	80			
				UNDER				

るため、何があっても、どんな注文をしても、その過去の株価データの値で変わりません。この例でいえば、信用中央金庫の板で218400円に1株の売り注文があり、この状態で寄り付いて、218400円という株価が実際に付いたとします。その時点で、チャート上には寄り付きで218400円を付けたという事実が残ります。

そのため、バックテストを行ったときには「218400円で値が付いた」という事実だけを使うため、1億円の買い注文を出したという設定でも、バックテスト上は218400円で1億円がすべて約定したことになります。

これが実際の売買とバックテストとの間に生じる大きな乖離です。つまり、この実際の売買とバックテストとの乖離は、平均売買代金が小さくなるほど、1回あたりの注文する金額が増えるほど、大きくなります。

だからこそ、その銘柄の売買代金と仕掛ける発注金額とが、現実的なものになっているかどうかを必ず確認しておかなければいけないのです。

実は、この「売買代金」は、とても重要な要素です。例えば、「ある銘柄が上がる」という情報を聞いたときに、「その銘柄のx日間の平均売買代金がどのくらいか」を知る必要があります。

この例で言うならば、その情報がどのくらいの人に出回っているかということもわからなければいけません。

例えば、先ほどのような銘柄を買い推奨する情報があったとします。それが運用資産1000万円の投資家10人に流されて、それぞれが一斉に注文を出したとします。すると、合計で1億円になります。この銘柄の1日の平均売買代金は1億円です。ここで、平均売買代金とほぼ同額の買い注文が一度に入ったとしても、それを吸収する売り板がありません。そうなると、ストップ高に張り付いてしまい、値が付かなくなってしまいます。仕手株が勢い良く上昇する背景には、このよう

な原理があるからです。値動きが大きい仕手株は、通常時は板がスカスカになっているような銘柄が多いです。

　ここでも重要なのは、やはり資金管理です。実際に運用する全資金のうち、1銘柄当たりいくら投資するかを決めたときに、その金額と対象となる銘柄の売買代金の組合わせが最適なものか、を考えなければなりません。

　例えば、以下の板は「8306　三菱ＵＦＪフィナンシャル・グループ」のものです。これは20日間平均売買代金が30億円以上の銘柄です。

3－15　三菱ＵＦＪフィナンシャル・グループの板

売数量	気配値	買数量
	成行	
13.867.800	OVER	
24.900	442.1	
163.600	442.0	
44.900	441.9	
274.000	441.8	
54.700	441.7	
87.800	441.6	
88.300	441.5	
24.900	441.4	
192.200	441.3	
13.300 ・	441.2	
	440.7	・ 1.400
	440.6	5.100
	440.5	43.700
	440.4	100.400
	440.3	35.300
	440.2	47.800
	440.1	142.800
	440.0	50.600

仮に、50000株（金額にすると現在値440.7円×50000 = 22,035,000円）の成行買い注文を出すとします。すると、以下のようになります。

◎ 441.2円×13300株　約定
◎ 441.3円×36700株　約定

買う前は440.7円だった株価に対して、実際には441.2円と441.3円で約定しますので、平均取得単価441.27円で購入されることになります。つまり、おおよそ2200万円の資金で買い注文を一度に出すと、2.85万円［441.27円 − 440.7円 = 0.57円（1株当たりのずれ）×50000株］分だけ、現在値より実際は高く買ってしまうことになります。そのずれは、0.13%（2.85万円÷2200万円）になります。

これがスリッページと呼ばれるものです。実際に売買したときにどのくらい誤差が生じるかを示しています。このスリッページは低いほど良いです。高くても0.5%にはなるようにしておきたいです。実際にバックテストなどを行うときには、このスリッページに注意して資金管理の設定をする必要があります。対象となる銘柄の売買代金と板の状態を見て、「1銘柄当たりいくらの金額までならスリッページがどのくらいに収まるか」を試算（ずれ÷投資資金）しておきましょう。

余談ですが、すごい年利を出しているようなストラテジーは「平均売買代金が1億円以下というような、スカスカの板の銘柄を普通に売買した」ことになっている可能性が高いです。ストラテジーがもし市販されているものだとしたら、特にこの点には注意しないといけません。そのストラテジーを使う人が増えてくればくるほど、皆が同じタイミングで同じ銘柄を売買することになります。そのとき、1銘柄当たりの資金は人数分だけ増えていきますので、どこかの時点で、この

ストラテジーが成り立つ前提条件である対象銘柄の平均売買代金との関係が崩れて、スリッページが大きくなります。そうなったら、そのストラテジーは使えないものになってしまうでしょう。

②複利運用

　ここまでお話ししたことは、自分で作ったストラテジーを、自分で運用するときにも気をつけなければいけないことです。もう一度、以下の売買条件を見てください。このバックテストは「③複利運用」として計算しています。ここも気にしなければならない重要なところです。

◎初期資産　300万円

◎デイトレード

◎信用レバレッジ2.5倍。全資産を10銘柄に分散投資 ──────②

◎買い＆売り　併用

◎売買対象

　　・全市場（東証一部、二部、大証、JASDAQ、マザーズ）

　　・売りは貸借銘柄

◎3日平均売買代金　1億円以上 ────── ①

◎優先順位　5日移動平均乖離率

◎複利運用 ─────③

　運用の仕方については、「単利運用」と「複利運用」があります。単利運用は毎回の投資時に固定した金額で運用をします。例えば、投資する総資金300万円（1年間）でスタートするとします。運用中に資産が400万円になったとしても投資は常に300万円で行います。

一方で、複利運用の場合は、運用中に増えていった資金をすべて投資に回します。仮に、投資する総資金300万円（1年間）でスタートするとします。運用中に400万円に増えた場合、400万円すべてを投資に回します。

　当然、複利運用のほうが投資額は増えていきます。利益がさらに出れば、投資額が増えてさらなる利益が出る、ということになります。

　単利運用よりも、資産の増加が圧倒的に早くなります。おおよその資産推移のイメージを描いてみると、次ページの上段のような形になります。複利運用のほうが、時間がたてばたつほど、加速度的に資産は増えていきます。

　一見すると、複利運用のほうが魅力的に思えるかもしれませんが、ここには気をつけなければいけない盲点があります。

　次ページの図（3―16）の後半の時間軸に注目してください。時間が経つほど運用する総資金が増えるので、上昇率も大きくなります。

　このとき、98ページでも説明した「1銘柄当たりの投資額が増えていってしまう点」には注意しなければなりません。資産が増えれば増えるほど1銘柄当たりの投資額が増えていき、売買対象となる銘柄の許容資金額を超えてしまうと、それまでに使えたストラテジーが使えないものになってしまいます。

　バックテストでは、正しく売買条件を設定しないと、このようなことが起きていることに気づかず、きれいで利益率の高い資産推移曲線が出てしまうことがあります。

　したがって、実際にバックテストするときは、まずは単利運用で優位性があることを確認しましょう。

　複利運用については、後の章で紹介しているように、単利運用で優位性が確認できたうえで、資金管理を考えて行う必要があります。

3−16　単利運用と複利運用

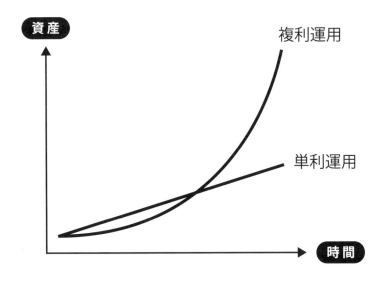

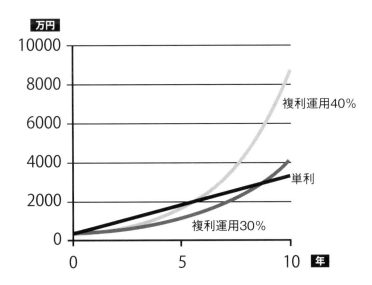

複利運用については、もうひとつ、注意しなければならないことがあります。

　複利運用自体は、システムがうまく機能して良い方向に回っているときなら問題ないのですが、逆回転したときには注意が必要です。

　もし、運用していく中でマイナスが続いていく、つまり悪い流れが続くと、投資資金がどんどん減っていきます。投資資金が少なくなれば利益も減ってくるので、資産の回復がさらに難しくなっていきます。

　短期間で大きく資産を増やしたトレーダーや、あっという間に資産を減らして市場から退場させられたトレーダーは複利運用や、それに近いことをしているのではないかと思います。まさに、ハイリスク・ハイリターンの投資方法です。

　このことは、ビジネスにおける会社経営でも同じようなことが言えると思います。利益がウナギ登りで上がっているような勢いのある会社は、本業で得られた利益を次の事業に投資し、そこで成功したら、さらにその利益を新たな事業に、という具合で加速度的に成長していけます。

　しかし、これが逆転したときにどうなるかというと、資産はものすごい勢いで減ります。今まで好調だった会社が急に赤字に転落して倒産することがよくあります。まさに複利運用に近い資金の使い方をしているのでしょう。

　投資もビジネスも同じで、調子が良いときは、利益もどんどん増えていくので、そのやり方が正しいと過信してしまいます。

　しかも、どこかの時点でそのやり方が時流に合わなくなってきて利益が出なくなってきたとしても、「一時的なものだ」と考えて、そのまま同じやり方で突き進みます。

　すると、さらに加速度的に逆に言ったあげく、損金の大きさを目の当たりにして損切りできなくなり、最終的には退場、倒産にまで追い込まれてしまうのです。

以上のことから、私は「短期間で●億円稼いだ」と話している人や、売り上げが右肩上がりで急激に伸びている会社を見たときには、「それがどこまで続くのか？」という目線で見てしまいます。それ相応の大きなリスクを取っているはずだからです。

話をまとめます。個人的には、単利運用でしばらくは安定した運用に慣れることから始めることをお勧めします。

7）売買ルールの信頼性

システムトレードの核となる売買ルールについては、「どのようにしてルールを作っていけばよいか」という点がシステムトレードを始めた人には特にわかりにくいため、最初は難しく感じるかと思います。

まずは、売買ルールを作るための正攻法のやり方を紹介します。チャートを見ながら日々の値動きの特徴を見て、「こういう場面では上がりやすいのでは？」「こういう局面では下がりやすいのでは？」というパターンを見つけることです。例えば、先ほどのカジノの例でも説明したように、ルーレットで「赤が出るか、黒が出るか」に賭けるとしたら、確率は２分の１です。これは何度やっても確率は同じ２分の１です（正確にはそうなっているはずです）。

しかし、株の場合だと、ある銘柄が上がるか、下がるかでいえば確率自体は同じ２分の１ですが、その中身は少し違います。どういうことか説明しましょう。

仮に「今日は値が上がる」と思って仕掛けたところ、逆に値が下がってしまったとします。下がったことでその株は安くなっているので、前日よりも買いたいと思う人は増えているでしょう。そして、次の日も同じように下がったとしたら、さらに安くなっているので、これまでよりも買いたいと思う人は増えています。

つまり、株の場合だと、一度逆に動いた（この例の場合は下がった）

としても、次の日は安くなったことを理由に前日より買いたい人が増えるので、逆に上がる確率が高くなります。

　では、このような理由で「下げ続けていったときに本当に買われて反発するのか？」という疑問に対する仮説を立てて、それを検証してみたいと思います。

　まず、売買条件を設定します（次ページの上段）。ここで売買条件の中の「連続下落日数●日以上」のところに、3日、4日……8日と順に入れてそれぞれのバックテストを行ってみます。

　バックテスト結果については、いろいろと見るところがありますが、まずは資産推移曲線を見ていきましょう（次ページの下段）。

　それぞれの結果を見ると、それなりに右肩上がりに推移していることから「優位性はありそうだ」とわかってくると思います。資産推移曲線を見ると、特に「3日連続下落」は、他に比べて推移がなめらかで良さそうです。

　先ほどのカジノのルーレットでは、どんな状態が何回連続で続いても赤か黒が出るのは同じ確率（2分の1）なので優位性はありません。

　しかし、株の場合は「下がるほど割安になり、買われやすくなる」ため、下げ続けることはなく、あるところまで下げたところで反発しやすくなる、ということが、この結果を見てもわかると思います。

　以上のことから、「仮説は正しかった」ということが検証によってわかります。このような感じで、売買条件として「どういうときに上がりやすいか、あるいは下がりやすいか」について、チャートなどからイメージを膨らませていき、いろいろな仮説を立てていきます。

　そのときの仮説も、いきなり売買条件として条件式を書き出すのではなく、まずはわかりやすい言葉で書き出してみるところから始めるとよいでしょう。そして、いきなり複雑な条件を作るのではなく、と

1）基本

①初期資産　1000万円

②デイトレード

③信用レバレッジ 1.0 倍　　1 銘柄当たり 100 万円

④買い

⑤売買対象

　　・全市場（東証一部、二部、大証、JASDAQ、マザーズ、

　　　ヘラクレス）

2）仕掛け＆決済（条件含む）

①終値が 100 円以上

② 20 日平均売買代金　30 億円以上

③連続下落日数●日以上

④仕掛け：上記のシグナル（①～③）すべてを満たす銘柄を

　　　　　　　翌日、成行注文

⑤返済：（約定した）当日引け成注文

3）優先順位

① 5 日移動平均乖離率 昇順

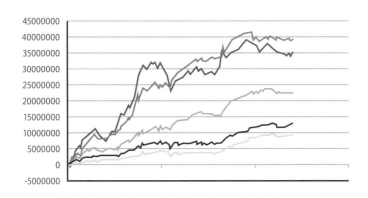

にかくシンプルなものから始めてみることです。ついつい、いろいろな条件を追加してみたくなってしまいますが、条件を追加するということは、それだけそのシステムが本来持っている性能を最適化してしまうことにつながるからです。要するに、部分的なところだけを映し出してしまうのです。これが、76ページで説明した「カーブフィッティング」というもので、式が複雑になればなるほど過剰最適化してしまう可能性が高くなります。

　以前、まだ私自身のトレードの方法が確立していないときに、とある優秀なトレーダーと話をしたことがあります。その方は、毎月コンスタントに勝ち続けていましたので、「どんなトレードをしているのだろうか？　おそらく誰も知らないような難しいトレードをしているのだろうな」と思っていました。それを聞いてみたところ、「今、やっているあなたのトレード手法を小学生でもわかるくらいに説明できますか？　もし、それができないような複雑なやり方でトレードしているならば、いずれダメになるときが来ますよ」と言われました。
　そのときはまだ「彼の投資方法の本当のところは言えないからだろう」と考えていましたが、システムトレードを経験し、バックテストを重ねて、自分でトレードをしていく中で、「あのときにアドバイスしていただいたことは本質をついていたな」と感じるようになりました。

　システムトレードでは、「いかに多くの検証をこなしていくか」は確かに重要です。しかし、ひたすら膨大な検証をこなしていくだけだと“このようなこと”をつい忘れてしまいがちなので注意してください。
　検証の数も大事ですが、「なぜそのロジックを考えたのか？」という根本的な理由のほうがさらに重要なのです。
　例えば、先ほどは、「下げ続けていったときに本当に買われて反発するのか？」という仮説をもとにバックテストを行いました。これ

は、株価が下がれば下がるほど、割安で買いたいと思う人が増えるということで、理屈には合っていると思います。

　では、こんな例を考えてみましょう。以下のグラフはある指標を使ったときのバックテスト結果です。

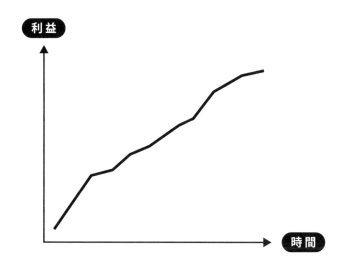

　これを見ると右肩上がりの資産推移をしており、優位性があるロジックだと思うでしょう。

　このバックテスト結果を見れば、すぐにも使ってみたくなるかもしれません。では、これはどんな指標をもとに作られたのでしょうか？

　例えばの話ですが、天気が晴れの日に寄り付きで仕掛け、引けで決済するデイトレをしたときの結果だとします。このバックテスト結果だけを見た人は、これが優位性のあるストラテジーのように見えてはいても、「なぜ晴れた日には株が上がりやすいのか」を説明できないと思います。

　もっと極端な例にしてみましょう。夕食で米を食べた日の翌日に売

買したものだとします。この結果から見れば夕食で米を食べれば株価が上がりやすいと言えそうですが、果たして、その理由となる米を食べた日の翌日と株価の上昇との間に「なぜ相関性があるのか」をきちんと説明できるでしょうか。

　このように、膨大なバックテストをしていくと、バックテスト結果だけに注目して「なぜそうなったのか？」の説明ができないような条件になることがあります。つまり、「たまたま良い結果が出ているだけではないか」にも注意しなければいけないのです。実際、バックテストで決めた条件の中で「よく知らない指標を使っているが、なぜか結果が良くなっている」というケースもあります。

　もうひとつ、お話ししておくことがあります。条件の中で●％以上の下落のとき、前日終値●％で指値注文する、というような数値を調節するときに、●の数値を細かく振って入れていったところ、ある数値のところで、とても良いバックテスト結果になったとします。当然、その数値を採用したいと思うところでしょう。ところが、こういう場合、その前後の数値では良くない結果だったのに、たまたまその数値だけ良かった場合があります。つまり、カーブフィッティングしている可能性があるのです。
　このように、検証を数多くこなすことは必要ですが、機械的に数値を変えて良い条件を見つけていくよりも、ひとつひとつの検証結果を大切にし、ひとつの結果に対して、「何が良くなかったのか。何を改善したら効果がありそうか」などをじっくり考えてから、次の検証を行っていくほうがよいと思います。

第4章

基本売買ルールの構築

～第 1 節～
基本ルールの検証

　ここからは、実際のトレードで使えるような売買ルールを作っていきたいと思います。

　結果として得られる売買ルールを知ることが目的ではなく、「どのような考え方で売買ルールが作られたのか」というプロセスを理解してください。

　まずは、システムトレードの売買ルールを作るときに重要なのが、「シンプルなロジックから作り始める」ということです。いろいろな売買条件を入れてしまうと、「どの条件が影響を与えているのか」がわかりにくくなってしまうからです。

　加えて、「システムトレードのバックテスト結果を評価する」うえで要となる**トレード数**を多く確保するためにも、シンプルなロジックから始める必要があります。

　ここでは、前の章で述べた考え（＝下がると買いが集まりやすいという考え）で、**連続して下げている中で買いを入れる**というコンセプトをもとに基本形（**売買ルール1**）を作ります。基本形となる売買条件は次ページのようになります。

　この売買条件の意味がわからない方もいるかと思うので、ルールについて簡単に説明します。わかる方はそのまま読み飛ばしてください。

◆基本形（売買ルール1）

1）基本条件
①初期資産　300万円
②単利運用
③デイトレード
④現物取引：1銘柄当たり仕掛け金額100万円
⑤買い
⑥売買対象：東証一部

2）仕掛け＆決済（条件含む）
①終値が100円以上
②20日平均売買代金　20億円以上
③連続下落日数3日以上
④仕掛け：上記のシグナル（①〜③）すべてを満
　　　　たす銘柄を、翌日成行注文
⑤返済：（約定した）当日引け成注文

3）仕掛けの優先順位
①5日移動平均乖離率　昇順

1）基本条件

①初期資産 300 万円 & ②単利運用

　初期資産は 300 万円として、単利運用（毎年 300 万円固定で運用）します。例えば、ある年に 300 万円で運用を開始し、400 万円に増えたとしても、翌年はまた 300 万円から運用を始めます。仮に、翌年から増えた金額も使って運用をする場合 ［この場合は 400 万円（初期資産 300 万円＋増えた金額 100 万円）］ は、複利運用となります。

　なお、銘柄分散を前提に、「株式投資での現実的な運用に適した金額はいくらか」と考えた結果、300 万円に設定しました。

③デイトレード

　1 日のうちに仕掛けと決済を完結させます。

④現物取引：1 銘柄当たり仕掛け金額 100 万円

　運用資産 300 万円を現物取引で売買します。信用取引によるレバレッジは掛けません。1 銘柄当たりの上限は 100 万円とし、資金枠の範囲で分散投資します。

⑤買い

　買い注文のみを行い、信用取引の売りは行いません。信用売りを使えば、下落相場では利益を出しやすくはなりますが、今回はどんな相場でも買いだけで優位性があることを示すために、あえて買いだけに絞ってロジックを構築します。

⑥売買対象：東証一部

　東証一部を売買対象として、該当するシグナルの銘柄を抽出します。東証二部やマザーズ、JASDAQ（ジャスダック）などの市場もあ

りますが、大型株のみ（＝東証一部）を対象とします。

２）仕掛け＆決済（条件含む）

①終値が 100 円以上

　「終値が 100 円以上」としたのは、株価が 100 円未満の低位株になると、それを売買した結果の影響が大きくなってしまうためです。

　例えば、1 株 10 円の銘柄があったとします。売買シグナルが出たことを受けて、この銘柄を実際に売買しようと考えます。

　株価 10 円の銘柄の場合、板は 119 ページのように並んでいます。板を見るとわかるように、10 円の下で買おうとすると、9 円、8 円と 1 円刻みで下がっています。また、売りのほうは 10 円の上は 11 円、その次は 12 円と 1 円刻みで上がっています。

　仮に現在値が 10 円だったとしても、板の状態によっては成行注文をしたときにずれてひとつ上の 11 円で約定することがあります。そうなると、本来 10 円で買えるところを 11 円で買ってしまうことになります。そのときは 10％も損益が変わってしまうことになります。

　このように株価が低い銘柄の場合、動くことのできる最小限の値幅（％）が大きいため、約定時のずれなどが生じたときの実際の売買とバックテスト結果の差が大きくなる可能性が高くなります。このことを考慮し、対象とするのは、最小限の値幅（％）が極力小さくなるように、株価が少なくとも 100 円の銘柄にします。

② 20 日平均売買代金　20 億円以上

　20 日間の平均売買代金が 20 億円以上ある銘柄を対象とします。これは、平均売買代金が大きい銘柄のほうが取引量が大きく、流動性が

あるためです。自分の資金がかなり大きくなっても、自分自身の注文でその銘柄の株価が動いてしまう、いわゆるマーケットインパクトを防ぎます。

③連続下落日数3日以上

第3章109ページの結果を踏まえて、「終値が3日連続で下がっている銘柄」を抽出します。連続して下がっているときほど、翌日はリバウンドで反発しやすいという考えです。

④仕掛け：翌日寄付で成行注文

当日の日本市場が終わった後、すべての仕掛けのシグナル（①〜③）を満たす銘柄が出たら、翌日の日本市場の寄り付きで、成行注文で仕掛けます。

⑤返済：当日引け成注文

約定した銘柄を、約定した当日の日中の引け（15時）に成行注文で決済します。

3）仕掛けの優先順位

①5日移動平均乖離率　昇順

シグナルの銘柄が複数出てきたときに、自分の資金量の範囲ですべてを買うことはできないときがあります。そういうときには、5日移動平均線から下への乖離が大きいものから順番に反発しやすいという理由を考慮します。下への乖離の大きい銘柄から優先的に仕掛けるという条件です。

まずは、以上の条件でバックテストを行ってみましょう。

4−1 株価10円の場合の銘柄の板のイメージ

東証1部	現　値	100株単位
10 ○	15:00 V	13647700　15:00
＋1	+11.11% VW	99158 円

売 数 量	価　格	買 数 量
	成行	
13730000	OVER	
1755700	19	
2033000	18	
1281000	17	
4464200	16	
3439500	15	
1866600	14	
4012800	13	
3442000	12	
8642500	11	
18365800 ・	10	
現　値　○	10	
	9	・ 32807400
	8	9751600
	7	3771200
	6	2466600
	5	1796600
	4	1501900
	3	2221800
	2	3309200
	1	23577800
	UNDER	

4）このルールのバックテスト結果

バックテスト結果は次ページのようになります。

見るべきところで、まず重要なのは「総トレード数」です。今回総トレード数は「9254回」です。この回数が多いほど、バックテスト結果のサンプル数が多いことになる、つまり信頼性が高いものになります。

次に、重要なのが「期待値」です。これは、1トレード当たりの期待できる利益率を表します。例えば、1回のトレードで100万円を投資するという行動を繰り返したときに、期待値0.06％ならば、毎回のトレードごとに100万円×0.06％＝600円の利益が出ているということになります。トレードの優位性を示す大事な指標なので、バックテストの後には必ず見るようにしましょう。

最後に「プロフィットファクター」です。これは総利益を総損失で割ることで算出されます。この値が「"1"を超えるようであれば、利益を出せる、"1"を割るようであれば、利益を出せない」ということになります。

そのほかの要素についても説明しておきます。

「総損益」は、「総利益」から「総損失」を引いたものです。

「平均利益」と「平均損失」は、この「総利益」と「総損失」をトレード数で割ったものです。

「平均利益」と「平均損失」をひとつにしたのが、ペイオフレシオです。ペイオフレシオは、「1トレード当たりの平均的な利益と平均的な損失の比率」を示します。この数値が「1」以上であれば、平均的な利益が高いということになります。言い換えると、「長期的に続ければ、優位性がある」ということになります。

4－2　バックテスト結果

総トレード数	9254
勝ちトレード数	4425
負けトレード数	4829
総損益	5,067,595
総利益	80,834,666
総損失	- 75,767,071
平均利益	2.08 ％
平均損失	- 1.79 ％
期待値	0.06 ％
勝率	47.82 ％
ペイオフレシオ	1.16
プロフィットファクター	1.07
最大DD率	25.91 ％
平均年利	10.04 ％

「勝率」については、高いに越したことはありませんが、勝率が高くても、期待値が低い場合もあることには注意が必要です。例えば、勝率が90％もあったとしたら「すごい結果だ」と考えてしまうかもしれませんが、そのときの期待値がマイナスだったとしたら、残り10％の負けのときに勝ったときの何倍もの損失を出してしまうような危険なトレードをしている、ということになります。

　以上のことからもわかるように、勝率を見るときは、「期待値が高くなっているか」についても確認する必要があります。

　以上、中身を確認するときに重要なものから順番に紹介すると、次ページの上段のようになります。

　まずは、バックテスト結果が出たらこの数値を見てその戦略が有効かを判断しましょう。

5）資産推移曲線

　資産推移曲線は、総損益を時系列ごとに積み重ねていったものになります。

　わかりやすく言えば、これは実際に資産がどう増えていったかをグラフにしたものです。パッと見たときに、右肩上がりで資産が増えていれば理想的な結果になります。

　今回の結果（4-4）を見ると、右肩上がりで資産が増えているときもあるものの、横ばいになっている期間があったり、下向きに資産が減っている時期があったりと、安定していません。特に資産が減っている期間が１年近くある場合は要注意です。その期間、実際にトレードしながら資産が減っていくのを見るのはかなりきついからです。

　結論から言うと、今回の戦略の資産推移曲線では、実運用できるレベルではないことがわかります。

4−3　バックテスト結果で注目する項目の順番

1位　総トレード数

2位　期待値

3位　プロフィットファクター

4位　ペイオフレシオ

5位　最大ドローダウン

6位　平均年利

7位　勝率

4−4　資産推移曲線（2003年1月〜2018年12月）

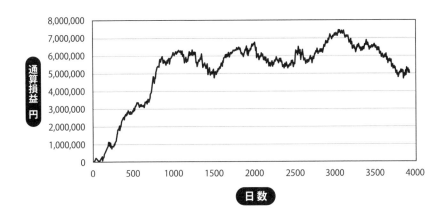

6）年次サマリー

　年次サマリーとは、年ごとの資産の推移と各指標を一覧にしたものです。

　ここで重要な項目が「最大 DD（以降、最大ドローダウン）」です。最大ドローダウンとは、負けが続いて資産が減っていくときの金額を表したものです。含み損も含めてですが、大きくマイナスが膨らむと精神的につらくなってきます。そのマイナスが最大でどれだけ出るかを示しています。

　最大ドローダウンは、極力、小さくしなければいけません。人によってリスクに対する許容度は違います。一時的とはいえ、5％も資産が減っては投資を続けられないという人もいれば、30％近く減っても何ともないという人もいます。

　どれだけ損失に耐えられるかは、その人のメンタルによっても変わってきます。一般的には、最大ドローダウンが20％以上になると、メンタルに影響が出て「つらい」と思う人が多いと思いますので、まずは「20％以内に抑える」ことを意識しておきましょう。もちろん、低ければ低いに越したことはありません。

　今回のストラテジーのバックテスト結果（4－5）を見ると、2018年にドローダウンが25.91％となっています。かなり大きいドローダウンが発生しています。

　投資を継続して行っていくうえでのメンタルとしては、このあたりがギリギリのところではないかと思います。

　次に、「年利」も見ておきます。マイナスになっている年がいくつか発生してますので、このまま実運用で使用するのは難しいといえます。

　以上を踏まえて、今のストラテジーの売買条件をどのように改良していけば良いストラテジーにすることができるでしょうか？　次節からは、その原因と改良方法について具体的に考えていきたいと思います。

4-5 年次サマリー

年次	年末資産	年利	勝率	POR	PF	期待値	最大DD率
2003	3,880,944	29.36 %	51.64 %	1.14	1.22	0.21 %	12.76 %
2004	4,901,656	63.39 %	49.24 %	1.51	1.47	0.37 %	6.70 %
2005	4,356,380	45.21 %	49.92 %	1.43	1.39	0.28 %	4.89 %
2006	4,888,407	62.95 %	49.08 %	1.43	1.39	0.33 %	5.64 %
2007	3,072,939	2.43 %	45.10 %	1.22	1.01	0.00 %	7.91 %
2008	1,952,169	- 34.93 %	46.86 %	1.01	0.87	- 0.17 %	15.52 %
2009	3,991,832	33.06 %	49.24 %	1.21	1.22	0.17 %	17.41 %
2010	3,358,398	11.95 %	50.52 %	1.08	1.11	0.08 %	5.53 %
2011	2,102,212	- 29.93 %	47.07 %	0.9	0.83	- 0.24 %	13.83 %
2012	3,045,569	1.52 %	46.68 %	1.14	1.01	- 0.01 %	14.79 %
2013	3,185,451	6.18 %	46.80 %	1.16	1.04	0.02 %	13.94 %
2014	4,295,150	43.17 %	48.66 %	1.43	1.34	0.27 %	11.91 %
2015	2,711,900	- 9.60 %	44.39 %	1.18	0.93	- 0.05 %	6.62 %
2016	2,451,428	- 18.29 %	50.25 %	0.9	0.9	- 0.08 %	12.04 %
2017	2,296,554	- 23.45 %	45.34 %	1.03	0.85	- 0.12 %	17.96 %
2018	2,327,336	- 22.42 %	45.98 %	1.03	0.87	- 0.11 %	25.91 %

基本ルールの修正
～ドローダウンの改善～

　125ページの年次サマリーを見ると、全体的にドローダウンが大きくなっていることがまず目立ちます。そこで、**ドローダウンを小さく抑える**ために、以下の2つを改善します。

１）仕掛け条件の改善
２）1銘柄当たりの仕掛け金額の変更

それぞれ解説します。

１）仕掛け条件の改善

　まず、ひとつ目は、仕掛け注文時の条件です。今回は、シグナルが出たときに、「翌日の寄り付き」で買い注文を出しています。成行注文なので、寄り付いたときの株価で必ず買えます。板の状況によって「指値で買えなかった」ということを防げます。

　バックテストにおいては、指値と過去の株価データが一致していたら約定しているものとして計算していますが、実際は「出来高がなくて約定していなかった」という場合があります。これが、"バックテスト結果と実運用との間で乖離が発生する"ひとつの理由でもあります。

　成行注文の大きなデメリットは、確実に約定する分、どんな高い値

4－6　成行と指値の違い

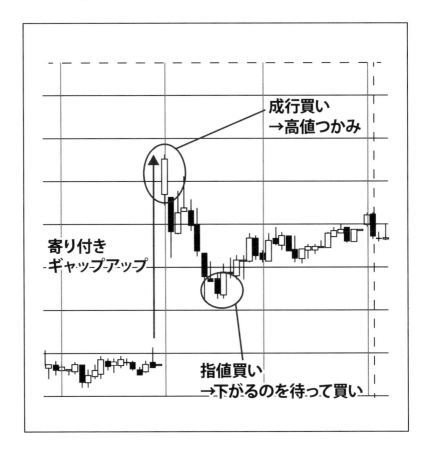

成行買い
→高値つかみ

寄り付き
ギャップアップ

指値買い
→下がるのを待って買い

で始まったとしても買ってしまうという点にあります。例えば、寄り付いたときの株価が、前日終値に対して大きくギャップアップして始まると、寄り天となって売られてしまう可能性が出てきます。

このように、寄り付きの不安定なところで仕掛けてしまうと、高値つかみをしてしまう怖れがあります。それを避けるためには、例えば、指値をあらかじめ入れておき、下がって落ち着いたところまできたら買うという方法を採用するとよいでしょう（前ページ参照）。

今回は、寄り天になって高値つかみしてしまうことを防ぐために、仕掛け条件を指値の注文に変更して、再度、バックテストをしてみます。指値の条件は前日終値に対して同値（０％）と、前日終値の－１％、－２％という具合に下に指値を入れ、より安く買えるように条件を変えて結果を比較してみます。

バックテスト結果の重要な項目を抜き出したのが下記の表です。特に注目すべきところを見てみましょう。

４－７　バックテスト結果（重要部分のみ）

	成行	日中指値 前日終値０％	日中指値 前日終値－１％	日中指値 前日終値－２％
総トレード数	9254	9171	6233	4111
期待値　（％）	0.06	0.11	0.17	0.28
PF	1.07	1.13	1.19	1.30
POR	1.16	1.16	1.19	1.16
勝率（％）	47.82	49.18	49.98	52.69
最大DD (%)	25.91	26.18	21.86	9.31
総損益（円）	5,067,595	8,626,878	9,510,354	10,515,481
平均年利(%)	10.04	17.89	19.83	21.96

成行で買いを行った場合、どんな値でも必ず約定しますから、必然的に、トレード数は最も多くなります。しかし、先述したように、必要以上に高く寄り付いたところまで買ってしまうトレードもあるため、これもまた必然的に負けるトレードも多くなります。結果、期待値が小さく、総損益や平均年利も低くなってしまいます。

　一方、成行ではなく、指値注文をした場合を見てみます。例えば、前日終値０％のときは、成行で高値は買わず、前日と同じ値になったときに買うため、高値つかみしてマイナスになるトレードが減っています。このことから、期待値や総損益、平均年利が大きく改善します。なぜなら、指値を前日終値に対して－１％、－２％と下げていくことで高値をつかんでしまう、つまりマイナスになってしまうことを防げるためです。

　ここで、もっと指値を低く、例えば－３％、－４％というようにさらに低くしていけば、成績もさらに良くなるのではないかと考えてしまうかもしれませんが、少し注意が必要です。

　総トレード数が減っていることに注目してください。当然ながら、成行に比べて、指値を低くしていき、より低いところで安く買うトレードならば、その条件に合致する回数は減ってきます。もちろん、総トレード数も減っていきます。

　トレード数が減っていくというのは、バックテストの検証結果の信頼性を示す最も大事なサンプル数を減らしてしまうことになります。極端に減ってしまうとカーブフィッティングになり、実運用したときに相場の変化に対応できず、バックテスト通りにならなくなる可能性が出てきます。イメージとしては、131ページの上段の図（4－8）のような関係になります。

　そのため、これはトレードオフになりますが、総トレード数を多く維持しつつ、期待値や総損益、平均年利も高くなるような最適なとこ

ろを見つけることになります。

　いずれかを犠牲にして偏ったところを選んでしまうと、実運用時に障害となることがあるため、気をつけましょう。ここでは、総トレード数と期待値、総損益、平均年利のバランスを考え、指値－１％の条件を採用します。

２）１銘柄当たりの仕掛け金額の変更

　次に、問題となるのは最大ドローダウンです。これを低くしなければなりません。全体サマリーではわかりにくいので、年次ごとの最大ドローダウン率を比較してみましょう（４－９参照）。

　これを見ると、成行注文の場合は、15％～20％近く最大ドローダウンが発生する年がいくつも見られますが、指値の数値を下げていくとドローダウンが小さくなっていく様子がわかると思います。これは、先ほどの全体サマリーの結果にも出ていたように、指値注文にすることによって、大きなマイナスになるトレードが減ったためです。

　先ほどの全体サマリーの結果から指値は－１％にしましたので、このときのドローダウンを見てみます。一応、改善したとはいうものの、まだ20％以上最大ドローダウンが発生する年もありました。現実的には、もう少しドローダウンを低く抑えておきたいところです。

　では、ドローダウンを低くするにはどうすればよいのでしょうか？
　単純に考えるなら、指値を低くしていけばよいのでしょう。期待値も上がり、マイナスになるトレードの数を減らすことができるので、それが一番有効だということは先ほどの結果からもわかります。
　しかし、指値を低くしていくやり方では、確かにドローダウンは減っていきますが、その分、システムトレードで重要な総トレード数も減ってしまうことはすでにお伝えしたとおりです。これでは、一見す

4-8 期待値・総損益・平均年利と総トレード数の関係

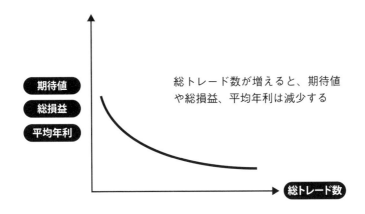

総トレード数が増えると、期待値や総損益、平均年利は減少する

4-9 年次最大DD（ドローダウン）率

年次	成行	指値0%	指値−1%	指値−2%
2003	12.76	11.42	10.7	8.51
2004	6.7	5.93	5.39	5.05
2005	4.89	4.49	3.9	2.67
2006	5.64	5.72	5.69	6.05
2007	7.91	10.31	9.94	6.27
2008	15.52	23.03	19.13	8.57
2009	17.41	26.18	21.86	9.02
2010	5.53	5.45	4.43	3.13
2011	13.83	10.62	10.06	9.31
2012	14.79	9.41	8.7	7.98
2013	13.94	7.7	4.83	3.68
2014	11.91	5.77	1.90	1.11
2015	6.62	3.92	2.65	2.58
2016	12.04	9.22	7.07	6.13
2017	17.96	10.49	6.68	5.24
2018	25.91	11.40	6.12	4.30

るとドローダウンは改善して良くなっているように見えますが、システムとしては脆弱になってしまいます。つまり、総トレード数を確保しつつ最大ドローダウンを下げる必要があるわけです。

　そのために、見るべきところは「1銘柄当たりの仕掛け金額」です。1銘柄当たりの仕掛け金額とは、その名の通り、シグナルが出た銘柄群の中で1銘柄当たりに仕掛ける金額です。

　今、1銘柄当たり100万円を上限として仕掛けるという設定になっていますが、もし、この金額を50万円に下げたらどうなるでしょうか？　1トレード当たりの利益が半分になります（100万円から50万円になる）が、逆に言えば、損失も半分になると言えます。そのときの総トレード数は、100万円から50万円になったことで2倍になります。どういうことなのか、次ページの図を見てください。

　今、運用に充てている全体資金が300万円だとします。そのときに1銘柄当たりに仕掛ける金額の上限を100万円としていれば、3銘柄まで仕掛けることができます。これを1銘柄当たり50万円とすれば、その2倍の6銘柄まで仕掛けることができます。つまり、銘柄数を増やすことで、仮に1銘柄で失敗してマイナスになったとしても、その損失を減らすことができます。

　投資で重要なことは、この「分散」という考え方です。リスクを下げるためには、リスクを分散させて、1回の失敗で受けるダメージを少なくすることです。このように、銘柄数を増やしてリスクを低く抑えることは、とても大事な要素になるので覚えておいてください。

　それでは、1銘柄当たりの仕掛け金額を100万円、75万円、50万円と下げていったときのバックテスト結果を見てみましょう（135ページ上段の4−11）。

　全体的な損益や平均年利は、銘柄数を増やしていくと低くなってし

4−10　1銘柄当たりの仕掛け金額を考慮する

全体資金

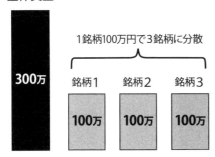

全体資金

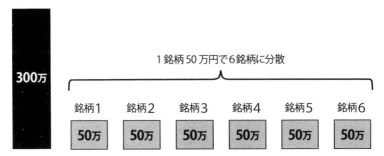

まいますが、最大ドローダウンも低くすることができます。全体的な利益は下がってしまっても、ドローダウンを抑えることで、重要な総トレード数は大きく増えている点を確認してください。

　次に、最大ドローダウンについて、各年次の結果を詳しく見てみます。

　次ページ下段の表（4－12）を見ると、「指値を低くしたほうが最大ドローダウンが低くなっている」とわかります。この場合、1銘柄75万円のときと、1銘柄50万円のときとでは、成績にほとんど差はありません。

　ただ、「総トレード数」というシステムトレードの最も大事な要素を重視したいと思います。ここでは、あえてシステムの信頼性と安定性を追求するスタンスで1銘柄50万円の設定に決めます。もちろん、リスクをもう少しとってでもリターンを大きくしたい場合は、1銘柄75万円にしても問題ないと思います。

　ここまでの改善ポイントを整理すると、次のようになります。

◆ドローダウンを抑える策　その1：指値注文への変更
　成行注文を指値注文に変える（「指値0％ or －1％ or －2％」の中から選択）。ドローダウンを抑えるため、「－1％」に変更。

◆ドローダウンを抑える策　その2：1銘柄当たりの仕掛け金額の変更
　1銘柄当たりの仕掛け金額を100万円から50万円に変更。トレード数を増やし、1回当たりのマイナストレードの影響を分散させる。

4-11 バックテスト結果

	指値-1％ 1銘柄100万	指値-1％ 1銘柄75万	指値-1％ 1銘柄50万
総トレード数	6233	8242	11788
期待値（％）	0.17	0.17	0.16
PF	1.19	1.20	1.21
POR	1.19	1.18	1.19
勝率（％）	49.98	50.33	50.39
最大DD（％）	21.86	17.17	18.26
総損益（円）	9,510,354	9,336,207	8,250,324
平均年利（％）	19.83	19.46	17.23

4-12 年次最大 DD（ドローダウン）率

年次	1銘柄100万	1銘柄75万	1銘柄50万
2003	10.7	7.89	6.89
2004	5.39	3.63	6.07
2005	3.9	3.54	3.46
2006	5.69	7.64	5.18
2007	9.94	7.99	7.06
2008	19.13	16.87	18.26
2009	21.86	17.17	14.93
2010	4.43	3.17	2.33
2011	10.06	5.90	4.32
2012	8.7	4.54	3.42
2013	4.83	4.80	4.24
2014	1.90	2.58	1.92
2015	2.65	2.14	1.64
2016	7.07	6.26	5.58
2017	6.68	3.47	3.37
2018	6.12	3.77	2.09
平均	8.06	6.34	5.67

なお、改善した売買ルールは、以下の通りです。

◆売買ルール1（改善版）

1）基本条件
　①初期資産　300万円
　②単利運用
　③デイトレード
　④現物取引：1銘柄当たり仕掛け金額50万円
　⑤買い
　⑥売買対象：東証一部

2）仕掛け条件＆返済条件
　①終値が100円以上
　②30日平均売買代金　20億円以上
　③連続下落日数3日以上
　④仕掛け：上記のシグナル（①～③）すべてを満
　　　　　　たす銘柄を、当日終値－1％で、翌日、
　　　　　　指値注文
　⑤返済：（約定した）当日引け成注文

3）仕掛けの優先順位
　①5日移動平均乖離率　昇順

3）バックテスト結果の分析

まず、改善したストラテジーのバックテスト結果を見てみましょう。

4－13　バックテスト結果

総トレード数	11788
勝ちトレード数	5940
負けトレード数	5848
総損益	8,250,324
総利益	47,540,452
総損失	- 39,290,128
平均利益	1.89 %
平均損失	-1.59 %
期待値	0.16 %
勝率	50.39 %
ペイオフレシオ	1.19
プロフィットファクター	1.21
最大DD率	18.26 %
平均年利	17.23 %

　1銘柄当たりの仕掛け金額を50万円に減らしたことで、売買する銘柄数が増えたので、総トレード数が「9254回」から「11788回」へと増えています。そして、仕掛け条件を成行→指値注文に変えて高値つかみしてしまうことを防ぐことで、次のように全体的に各項目が改

善しました。

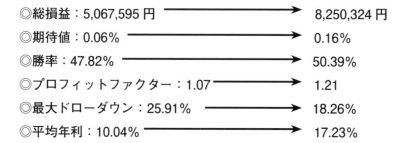

◎総損益：5,067,595 円　　　　　　　　　8,250,324 円

◎期待値：0.06%　　　　　　　　　　　　0.16%

◎勝率：47.82%　　　　　　　　　　　　50.39%

◎プロフィットファクター：1.07　　　　　1.21

◎最大ドローダウン：25.91%　　　　　　18.26%

◎平均年利：10.04%　　　　　　　　　　17.23%

　ここで、よく見ておきたいのが、総損益が大きくなり、最大ドローダウンが減るなど、各項目が改善している中で、総トレード数が増えているというところです。

　改善したとしても、総トレード数が減っている場合は、良い条件だけのトレードに絞り込んでいる場合があります。カーブフィッティングの可能性が出てきます。

　続いて、次ページ上段の年次サマリー（4—14）を見てください。この結果からわかるように、最大ドローダウンはだいぶ減りました。

　しかし、全体的な年利を見たときにマイナスになっている年（2008年と 2011 年、2016 年）や、プラスにはなっているもののリターンの少ない年（2012 年と 2017 年）が見られます。このあたりの弱いところを中心にストラテジーを改善していきます。

　さて、バックテスト結果の資産推移曲線を見てみましょう（次ページ下段の4—15）。丸印をつけたところが、右肩上がりのプラスが続いている期間です。2003 年から 2006 年の前半までと、2013 年から2015 年までの期間がこれに当てはまります。

　前者は、小泉内閣の規制緩和によって始まった上昇相場です。後者

4－14　年次サマリー

年次	年末資産	年利	勝率	POR	PF	期待値	最大DD率
2003	3,592,641	19.75 %	49.03 %	1.36	1.33	0.25 %	6.89 %
2004	4,142,802	38.09 %	53.64 %	1.45	1.62	0.44 %	6.07 %
2005	3,962,313	32.08 %	50.17 %	1.71	1.69	0.39 %	3.46 %
2006	4,029,323	34.31 %	51.05 %	1.28	1.35	0.29 %	5.18 %
2007	3,406,219	13.54 %	48.81 %	1.17	1.13	0.10 %	7.06 %
2008	2,224,804	- 25.84 %	45.05 %	1.06	0.87	- 0.19 %	18.26 %
2009	4,119,132	37.30 %	50.38 %	1.34	1.42	0.29 %	14.93 %
2010	3,688,335	22.94 %	55.29 %	1.2	1.43	0.30 %	2.33 %
2011	2,997,496	- 0.08 %	51.40 %	0.94	1	0.00 %	4.32 %
2012	3,087,351	2.91 %	43.80 %	1.33	1.04	0.03 %	3.42 %
2013	3,866,181	28.87 %	51.09 %	1.27	1.3	0.29 %	4.24 %
2014	4,189,899	39.66 %	52.34 %	1.54	1.7	0.38 %	1.92 %
2015	3,511,899	17.06 %	50.65 %	1.22	1.28	0.15 %	1.64 %
2016	2,764,243	- 7.86 %	49.88 %	0.93	0.92	- 0.06 %	5.58 %
2017	3,285,528	9.52 %	53.49 %	1.03	1.18	0.10 %	3.37 %
2018	3,401,012	13.37 %	51.82 %	1.07	1.16	0.10 %	2.09 %

4－15　資産推移曲線の推移（2003 年 1 月〜 2018 年 12 月）

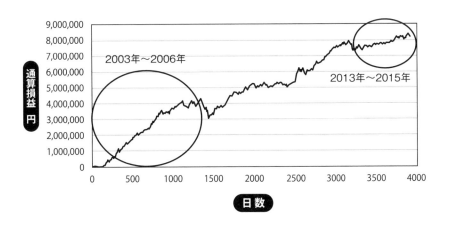

はアベノミクスによる強烈な上昇相場です。

　買い戦略なので、上昇トレンドのところでは、基本的には買えば上がりやすくなります。グラフも右肩上がりになっています。

　一方で、資産が減っている右肩下がりの場所を探します。丸印をつけているところが該当箇所になります（以下の4－16参照）。2008年と2011年〜2012年が右肩下がりのマイナスが続いています。

4－16　資産推移曲線の推移（2003年1月〜2018年12月）

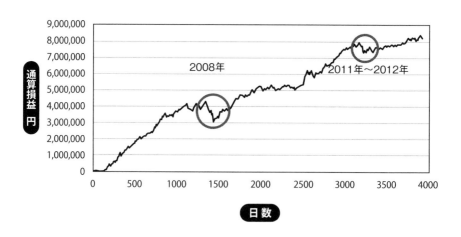

　2008年はリーマンショックによる大暴落が起きた年なので、そのまま買いを行えば、当然、マイナスになります。

　それ以外のマイナス期間も下降トレンドに入っているときでしたので、基本的には株価が下がっていきます。買いでやられてしまうのは当然といえます。

　さて、ここまでの流れで、売買ルールのベースはできました。ただ

郵 便 は が き

| 1 | 6 | 0 | 8 | 7 | 9 | 0 |

8 2 6

東京都新宿区
西新宿7-9-18 6F
パンローリング(株)

　　　資料請求係　行

սիկիկ·ս·լկիս·իկսկ·ս·կիս·իկ·կ·կ·կ·կ·կ·կ·կ·կ·կ·կ·կ·կ·կ

投資に役立つ
資料無料進呈

弊社の本をご購読いただいたお礼に、ご希望の読者の
方には他では得られない、資料を差し上げます。

▶投資に役立つ書籍やDVD、アプリ等のカタログ
▶その他、がんばる投資家のための資料

**あなたが賢明なる投資家になるための資料がいっぱい!
さあ、今すぐご記入の上ご請求ください。**

資 料 請 求 カ ー ド

ご購読ありがとうございました。本書をご購読いただいたお礼に、投資に役立つ資料(投資ソフト・書籍・セミナーのカタログ etc...)をお送りいたします。ご希望の方は郵送かFAXでこのカードをお送りください。

●どこで、本書をお知りになりましたか?

1.書店で実物を見て　2.新聞・雑誌(紙名・誌名　　　　　　　　　　　　　　　　)
3.出版カタログを見て　4.知人にすすめられて　5.紹介サイト(　　　　　　　　　　)
6.小社の案内(a.HP　b.他の書籍の案内　c.DM　d.Twitter)　7.その他(　　　　　　)

●ご購入いただいたきっかけは?

1.著者に興味がある　2.内容に興味がある　3.タイトルに惹かれて　4.わかりやすそう　5.装丁
6.その他(　　　　　　　　　　　　　　　　　　　　　　　　　　　　　　　　　　)

●本書についてのご感想をお書きください。

電子メール(info@panrolling.com)でもお送りください。書評として採用させていただいた方には、**弊社通販サイトで使える商品券500円分**を差し上げます。

ご購入書籍名		
ご購入書店様名	書店様所在地	
フリガナ お名前	性別　**男・女**	
	年齢	
住所　〒		
電話番号		
電子メールアドレス		

資料請求はコチラからでもOK　　FAX:**03-5386-7393**
E-mail:**info@panrolling.com**

し、まだ実運用レベルではありません。

　ベースとして作ったストラテジーには大きな弱点があります。それは、「マイナスの期間が長く発生している」ところです。資産推移曲線で見ると少しの傾きのように見えるかもしれませんが、2011年は単調にだらだらと1年間マイナスが続いています。そのような状態を実際に体験すると精神的にかなりきつくなります。

　したがって、次章以降で、このようなマイナス期間が発生しないようにすることを改良ポイントとして、売買ルールを深化させていくことにします。

第 5 章

浅い下げを狙った
買い戦略

～第1節～
期待値の低いトレードを回避する
～ TOPIX を使ったトレンド判定～

　第4章で、下げ（暴落）を利益に変えるための買い戦略のベースを考えました。そのルールのままでは、まだ本格的に使えるストラテジーとは言えませんので、さらに条件を加えていきます。

　このとき、いきなり大きな収益改善を目指すのではなく、少しずつ弱点をつぶしていくことが重要です。

　気になるのは、マイナス期間です。ただし、このマイナス期間をいきなりプラスにするのは難しいため、まずは「マイナス期間はトレードせずに回避すること」で対処します。

　当たり前のことですが、買い戦略の場合、上昇トレンドで売買すれば、基本的には全体相場が上がっていくのでプラスになりやすいです。つまり、上昇トレンドで売買したほうが期待値が高いとわかります。

　以上を踏まえて、下降トレンドに入っているときは売買しないことにすれば、先ほどのマイナス期間は回避できるのではないかと推測します。そのようなトレンドの判定条件を今のストラテジーに追加することを考えていきます。

1）トレンド判定に TOPIX を使う

　トレンドを判定するための方法としては、いろいろ考えられますが、

ここでは「全体相場が上昇トレンドになっているか」を判断する条件を考えてみたいと思います。

　全体相場を決める指標としては、知名度の高い日経平均や TOPIX などがあります。

　ここでは、TOPIX を使って上昇トレンドの判定を考えてみます。まず、TOPIX のチャートを見てみましょう。

　下のチャートは、2012 年〜 2013 年の TOPIX の素のチャートです。アベノミクスによる強い上昇相場となった期間にあたります。

　チャートを見ると、上昇していることはわかると思います。これをシステムトレードに取り込むにはどうすればよいでしょうか？

5－1　素のチャート

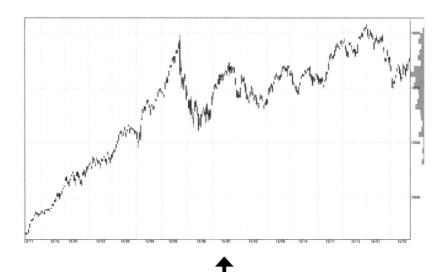

上昇していることはわかるが、
そのことを、どう条件付けすればよいのか

そこで、この素のチャートに移動平均線を入れてみます（次ページ上段のチャート）。

　上から5日移動平均線、25日移動平均線、75日移動平均線、200日移動平均線の順になっています。それぞれの日数は平均化する期間を表しています。5日移動平均線を見ると上下に大きく動いていますが、200日移動平均線はほぼ直線状に上昇しているのがわかると思います。期間が短いほど短期的なトレンドの傾向を表し、長いものほど長期的なトレンドの傾向を表すからです。

　移動平均線の日数として「どれ」を見るかは、投資スタンスによって変わってきますので、「どれがよいか」は一概には言えません。少なくとも、株価が各移動平均線より高い位置で推移していれば上昇トレンドと言えますので、買いのトレードはこのような上昇トレンドのときだけ行うようにするのが理想です。

　一方で、次ページの下段のチャートを見てください。

　これは、2008年のリーマンショックが起きたときのチャートです。移動平均線は基本的に下向きになってきており、株価もほぼ移動平均線の下で推移していることがわかると思います。

　このようなときは下降トレンドに入っているため、買いでトレードするとやられやすいです。つまり、移動平均線の下側を株価が推移しているときは下降トレンドになるので、そのようなときは売買しないような条件を入れれば、このような下降トレンドでやられることを防げます。まずは、このマイナス要因となる「下降トレンド期間は売買しないでスルーする」という条件を入れてみましょう。

　そこで、基本のシステムに対して、「トレンドを示すに当たってどの移動平均線が合っているか」を、ひとつずつバックテストを行って検証していきたいと思います。

5−2 TOPIX（2012〜2013年）

5−3 TOPX（2008年）

２）トレンド判定を入れた売買ルール

　まず、先ほどまで使用していたストラテジー条件に「TOPIX の移動平均線の条件」を追加して、次ページのように変更します。

　この「TOPIX の終値が TOPIX の●日移動平均線の値より大きい」の●にあたる日数を、以下に設定します。

①５日　　②25日　　③75日　　④200日

　それぞれのバックテスト結果と年次集計（年利と最大ドローダウン）を見てみましょう（150 〜 151 ページ）。

　このバックテスト結果を見ると、短期よりも長期のほうが全体的に良い結果になる傾向にあります。

　特に、総損益が増えて、期待値も上がっていく中で、総トレード数も増えている点に注目してください。

　よく見られるのは、「期待値や PF、POR の数値を良くするために、いろいろな条件を追加したりして改良していく過程で、これらの数値は高くなっていても総トレード数が極端に少なくなっている」というパターンです。例えば、総トレード数が２分の１に減っていたら、総損益が同じであったとしても、PF や POR は２倍になるので良くなっているように見えます。

　ただ、これはシステムトレードの信頼性を下げていることにほかなりません。見た目以上にシステムの信頼性は低くなっていることには注意しなければいけません。

◆ 「売買ルール1」に追加条件（太字部分）

1）基本条件

　①初期資産　300万円

　②単利運用

　③デイトレード

　④現物取引：1銘柄当たり仕掛け金額50万円

　⑤買い

　⑥売買対象：東証一部

2）仕掛け＆返済（条件含む）

　①終値100円以上

　②20日平均売買代金　20億円以上

　③連続下落日数3日以上

　④ TOPIXの終値が●日移動平均線の値より大きい

　⑤仕掛け：「④」の条件を満たしたら、該当銘柄
　　　　　　（①〜③を満たす銘柄）を、当日終値
　　　　　　−1％で、翌日、指値注文

　⑥返済：（約定した）当日引け成注文

3）仕掛けの優先順位

　①5日移動平均線乖離率　昇順

5－4　バックテスト結果

	5日	25日	75日	200日
総トレード数	5071	6072	6228	6497
期待値（%）	0.15	0.20	0.24	0.25
PF	1.23	1.32	1.37	1.39
POR	1.20	1.29	1.33	1.32
勝率（%）	50.46	50.58	50.82	51.29
最大DD（%）	14.91	7.19	6.90	6.85
総損益（円）	3,340,705	5,213,472	6,241,667	6,925,328
平均年利（%）	6.77	10.92	13.06	14.47

5－5　年次集計　年利

年次	5日	25日	75日	200日
2003	3.40	6012	12.37	20.41
2004	22.78	22.84	13.70	27.13
2005	6.54	26.52	30.63	29.04
2006	7.34	13.54	23.95	31.52
2007	16.62	12.73	13.34	13.47
2008	-10.5	2.67	9.56	0.00
2009	-3.11	10.01	15.68	18.47
2010	-0.98	7.69	7.62	2.75
2011	3.82	1.71	-0.66	-3.51
2012	-0.15	7.25	10.84	10.72
2013	19.33	18.32	31.09	28.87
2014	12.70	16.41	22.28	26.34
2015	14.47	20.53	14.39	15.92
2016	1.64	-2.34	-2.49	-1.29
2017	3.91	3.06	9.01	9.52
2018	10.47	7.62	-2.37	2.16

5−6　年次集計　最大ドローダウン率（％）

年次	5日	25日	75日	200日
2003	3.83	7.19	6.90	6.85
2004	1.27	4.58	5.49	6.04
2005	3.26	2.98	2.96	2.61
2006	4.59	3.26	5.11	4.56
2007	4.88	2.85	2.18	1.98
2008	9.44	5.13	1.84	0.40
2009	14.91	4.06	2.74	3.19
2010	11.65	2.11	2.14	1.79
2011	14.34	2.22	1.96	2.76
2012	9.33	1.62	2.51	2.75
2013	7.87	3.69	3.25	4.62
2014	3.91	2.92	0.69	2.31
2015	1.62	1.05	1.30	1.93
2016	3.11	2.78	3.07	1.36
2017	2.30	1.81	2.22	1.33
2018	3.38	1.36	2.21	2.19

ここでは、バックテスト結果から 200 日移動平均線の結果が全体的に見て良いので、**200 日移動平均線による上昇トレンド判定**を追加することにします（**売買ルール 2**）。

◆売買ルール2（太字部分が追加項目）

1）基本条件
- ①初期資産　300 万円
- ②単利運用
- ③デイトレード
- ④現物取引：1 銘柄当たり仕掛け金額 50 万円
- ⑤買い
- ⑥売買対象：東証一部

2）仕掛け＆返済（条件含む）
- ①終値 100 円以上
- ② 20 日平均売買代金　20 億円以上
- ③連続下落日数 3 日以上
- ④ **TOPIX の終値が 200 日移動平均線の値より大きい**
- ⑤仕掛け：「④」の条件を満たしたら、該当銘柄（①〜③を満たす銘柄）を、当日終値－1％で、翌日、指値注文
- ⑥返済：（約定した）当日引け成注文

3）仕掛けの優先順位
- ① 5 日移動平均線乖離率　昇順

では、あらためて、この上昇トレンド判定を追加する前と後の結果を比較してみましょう。まずは、下の資産推移曲線を見てください。

　「上昇トレンド判定なし」の右肩下がりだったマイナス期間がなくなり、水平になっていることがわかります。

　全体的な利益は下がってしまいますが、今回はマイナスになるトレードを行わないように回避することが目的です。まずは全体として各年次でマイナスの大きかった年の成績がかなり改善したので、第一段階としては良しとしましょう。

5−7　トレンド判定の「ある」「なし」による資産推移曲線の推移

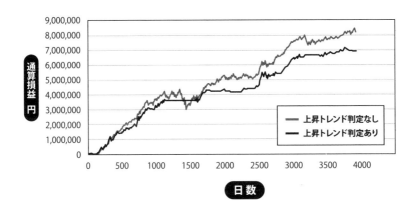

　次に、バックテスト結果と年次集計（年利）、年次集計（最大ドローダウン率）も詳しく見ていきましょう（154 〜 155 ページ）。

　大きく改善したところは、2008 年の年利です。トレンド判定なしの条件ではマイナスになっていましたが、上昇トレンド判定を入れると改善してマイナスがなくなっています。

　また、最大ドローダウン率を見ても、平均3％以下にまで改善しています。

5−8 バックテスト結果

	上昇トレンド条件なし	200日
総トレード数	11788	6497
期待値 （%）	0.16	0.25
PF	1.21	1.39
POR	1.19	1.32
勝率（%）	50.39	51.29
最大DD（%）	18.26	6.85
総損益（円）	8,250,324	6,925,328
平均年利（%）	17.23	14.47

5−9 年次集計 年利

年次	上昇トレンド条件なし	200日
2003	19.75	20.41
2004	38.09	27.13
2005	32.08	29.04
2006	34.31	31.52
2007	13.54	13.47
2008	-25.84	0.00
2009	37.30	18.47
2010	22.94	2.75
2011	-0.08	-3.51
2012	2.91	10.72
2013	28.87	28.87
2014	39.66	26.34
2015	17.06	15.92
2016	-7.86	-1.29
2017	9.52	9.52
2018	13.37	2.16
平均	17.23	14.47

5-10 年次集計 最大ドローダウン率（%）

年次	上昇トレンド条件なし	200日
2003	6.89	6.85
2004	6.07	6.04
2005	3.46	2.61
2006	5.18	4.56
2007	7.06	1.98
2008	18.26	0.40
2009	14.93	3.19
2010	2.33	1.79
2011	4.32	2.76
2012	3.42	2.75
2013	4.24	4.62
2014	1.92	2.31
2015	1.64	1.93
2016	5.58	1.36
2017	3.37	1.33
2018	2.09	2.19
平均	5.67	2.92

　総合的に見ると、総損益と平均年利では、トレンド判定を入れる前に比べると下がってしまいます。しかし、最大ドローダウンが平均的に大きく下がっていることと、マイナスになる年がなくなったということで、より実運用に適したルールに改善することができました。

　これで、トレードしても大きく負ける可能性は小さくなりそうな結果にはなりました。

　ただ、大きくマイナスになるトレードを回避することはできましたが、それによって総損益と平均年利を犠牲にしてしまったので、次は「ここ」を伸ばしていけるようなストラテジーに強化していくことを考えます。

上昇トレンド中の下げを狙う
～移動平均線乖離率を使ったトレンド判定～

　先ほどは上昇トレンドの判定として「全体指標となる TOPIX の株価が 200 日移動平均線よりも上にある」という条件を入れました。ただ、大きなマイナスを回避することができたものの、総損益と平均年利を犠牲にしていることはすでに説明したとおりです。

　また、どちらかというと、不利な状況を避けるというだけで、下げて安くなったところを積極的に買っていくという戦略ではありません。

　そこで、TOPIX 判定を踏襲しつつ、それ以外のトレンド判定の条件を考えてみます。

　ここで、第 2 章で紹介した「フィルター（移動平均線乖離率）」の話を思い出してください。すでに説明しているように、これは、下げ（暴落）の規模を知ることができる指標でした。

　次ページのチャートは SCREEN ホールディングス（7735）のチャートです。チャート上に 25 日移動平均線を表示しています。今回は、株価がこの線よりどれだけ下に乖離したかを示す指標として「（25 日）移動平均線からの乖離率」を数値化します。

　その乖離率を表したものがチャートの下のグラフです。ある一定のところまで乖離が広がると、やがてそれが解消されていく、つまり、株価が移動平均線に近づいていくこと（上昇してくること）がわかります。

5－11 SCREENホールディングス（7735）のチャート

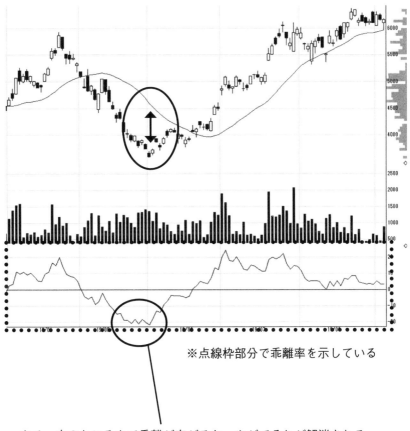

※点線枠部分で乖離率を示している

ある一定のところまで乖離が広がると、やがてそれが解消される

このように移動平均線からの乖離率は逆張りの仕掛け条件としてよく使われます。システムトレードを実践している人の中には「乖離率」を取り入れている人も多いことでしょう。

　以上を踏まえて、ここでは、**移動平均線乖離率を「上昇トレンドの中の押し目がどこであるか」を判定する**ために利用したいと思います。

　例えば、あるところまで下がってきたとき、そこからの反発を狙う押し目買いを考えてみましょう。

　上昇トレンドでは、基本的には右肩上がりで上昇していく動きになりますが、淡々と一直線に上がり続ける相場はありません。株価の高いところでは利益確定もされますから、適度に下がってくる場面があります。つまり、下げてから反発に転じるところが一番効率の良い仕掛けポイントになるのです。イメージとしては、次ページの下図のようになります。

　このような上昇トレンドの中で発生する押し目のタイミングを、先ほどの移動平均線からの乖離率を使って定量的に定義してみましょう。

　ここでは、移動平均線を 25 日の期間として、**25 日移動平均線からの乖離率が− 10%となる銘柄がいくつ発生するか**によって押し目を定義します。25 日移動平均線から− 10%下がるようなときとは、それなりの下げが起きている状況を意味するためです。大きい下げ（暴落）が来たときには下げる銘柄の数が多くなり、小さめの下げが来たときにはその数が少なくなります。

　「全体相場が今どのような局面にあるのか」を、この条件を見ることで定量的に捉えられるようにします。

　では、条件を満たす銘柄数がいくつ以上になったときを設定すればよいのでしょうか。まず実験的に「25 日移動平均線からの乖離率が− 10%以下になった銘柄数」をいくつかパラメーターとして、前章

5-12 押し目買いのイメージ

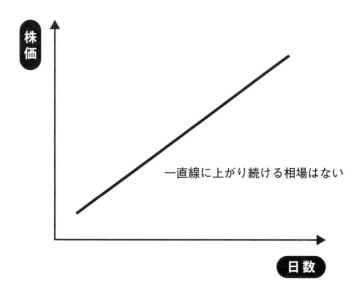

一直線に上がり続ける相場はない

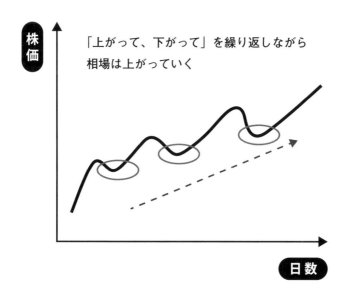

「上がって、下がって」を繰り返しながら
相場は上がっていく

◆**売買ルール2に条件を追加（太字部分）**

1）**基本条件**
　①初期資産　300万円
　②単利運用
　③**スイングトレード**
　④**現物取引：1銘柄当たり仕掛け金額50万円**
　⑤買い
　⑥売買対象：東証一部

2）**仕掛け＆返済（条件含む）**
　①当日終値が100円以上
　②20日平均売買代金　20億円以上
　③連続下落日数3日以上
　④TOPIXの終値が200日移動平均線の値より
　　大きい
　⑤**25日移動平均線からの乖離率が－10%以**
　　下の銘柄数が●以上
　　※銘柄数の対象は、東証一部、東証二部、大証、
　　JASDAQ、マザーズ、ヘラクレス
　⑥仕掛け：「④」と「⑤」の条件を満たしたら、
　　　　　　該当銘柄（①～③を満たす銘柄）を、
　　　　　　当日終値－1%で、翌日、指値注文
　⑦**返済：「経過日数が1日以上 or 損益率2%**
　　　　　or － 2%」という条件を満たすとき、
　　　　　翌日、寄り成り注文

3）**仕掛けの優先順位**
　①5日移動平均線乖離率　昇順

まで使ってきた上昇トレンド判定を入れたストラテジーに追加して検証してみましょう。今回は条件を一部変えて前ページのように設定します。

先ほどはデイトレードで試してみたので、今回はスイングトレードを調べてみます。

返済の条件については、「経過日数が1日以上 or 損益率2% or -2%」としています。これは、比較的短期でのスイングトレードです。仕掛けて約定した値から利益が+2%出たら、翌日の寄り付きで成行の返済注文をします。

もしくは、仕掛けて約定した値から損失が-2%出たら、翌日の寄り付きで成行の返済注文をします。それ以外の場合は1日持ち越して、その翌日の寄り付きで成行の返済注文をします。

また、1銘柄当たりの仕掛け金額を50万円に変更しました。

さらに、先ほどの「25日移動平均線からの乖離率が-10%以下の銘柄数」を追加し、銘柄数がいくつのときが最適かを検証します。この銘柄数を50銘柄、100銘柄、125銘柄、150銘柄として調べてみます。

5-13　バックテスト結果

	50銘柄	100銘柄	125銘柄	150銘柄
総トレード数	1983	1241	1034	795
期待値 （%）	0.55	0.75	0.73	0.69
PF	1.46	1.63	1.61	1.56
POR	1.16	1.23	1.15	1.15
勝率 （%）	55.42	56.49	57.64	56.85
最大DD (%)	8.89	8.19	12.33	11.16
総損益 （円）	4,710,488	4,046,307	3,394,585	2,454,464
平均年利 (%)	9.74	8.39	7.04	5.07

5－14　年次集計　年利

年次	50銘柄	100銘柄	125銘柄	150銘柄
2003	23.87	24.89	29.66	23.56
2004	0.89	4.07	-14.59	-9.56
2005	14.42	9.17	8.31	6.0
2006	30.19	18.62	16.71	14.26
2007	3.71	4.55	10.01	6.98
2008	0	0	0	0
2009	13.64	16.62	17.28	10.20
2010	-1.80	-2.85	-2.85	0.70
2011	-8.18	-3.30	-3.30	0
2012	-2.57	2.96	2.98	1.07
2013	35.12	24.27	27.54	24.22
2014	10.83	5.82	6.24	3.20
2015	18.46	4.52	-0.57	-2.33
2016	3.55	1.07	1.78	1.17
2017	7.18	9.40	8.30	5.09
2018	6.54	14.49	5.07	-3.34

5－15　年次集計　最大ドローダウン率（％）

年次	50銘柄	100銘柄	125銘柄	150銘柄
2003	8.11	8.19	6.61	6.94
2004	4.37	6.49	12.33	11.16
2005	4.03	3.82	12.00	9.44
2006	3.63	4.42	6.07	6.28
2007	2.89	4.73	2.58	2.74
2008	1.63	3.24	1.11	1.18
2009	7.16	7.75	4.09	4.34
2010	1.66	1.63	2.25	1.53
2011	7.32	6.47	7.36	1.53
2012	8.89	3.48	4.20	1.53
2013	8.66	4.76	3.75	4.10
2014	4.46	4.35	4.23	3.91
2015	3.64	4.19	4.35	4.38
2016	2.95	3.72	4.40	4.30
2017	2.43	2.66	3.36	4.12
2018	3.56	1.07	2.93	3.84

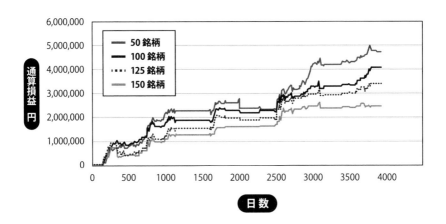

　「5-13」～「5-16」が、その検証結果と資産推移曲線です。こ
れらを見ると、銘柄数の少ないほうが総トレード数や平均年利は高く
なりますが、損益や年利の変動は大きくなります。

　一方で、銘柄数が多いほど総トレード数や平均年利が低くなります
が、損益や年利の変動は小さくなります。

　例えば、2011年の年利を見ると「50銘柄」のときは、年利が大き
なマイナス（-8.18%）になっています。また、資産推移曲線を見て
も、やや下向きに推移する期間がいくつか見られます。

　これは、銘柄数が少ないほうが小さめの下げが来たときに仕掛けを
行う回数が増える（＝条件に合う銘柄が多くなる）ためです。仕掛け
る頻度は高くなりますが、それは「浅い押し目のときに入ってやられ
ることが多くなってしまう」ことを意味しています。

　銘柄数が多くなるほど、深い押し目を狙って仕掛けるようになるた
め、やられてしまう確率は低くなりますが、その分、浅い押しで反転
する場面はスルーしてしまうので、その分の利益が獲れないというこ
とになります。

◆売買ルール３（太字部分が追加項目）

１）基本条件
- ①初期資産　300万円
- ②単利運用
- ③スイングトレード
- ④現物取引：１銘柄当たり仕掛け金額50万円
- ⑤買い
- ⑥売買対象：東証一部

２）仕掛け＆返済（条件含む）
- ①終値が100円以上
- ②20日平均売買代金　20億円以上
- ③連続下落日数３日以上
- ④ TOPIXの終値が200日移動平均線の値より大きい
- ⑤ **25日移動平均線からの乖離率が－10%以下の銘柄数が100以上**
  - **※銘柄数の対象は、東証一部、東証二部、大証、JASDAQ、マザーズ、ヘラクレス**
- ⑥仕掛け：「④」と「⑤」の条件を満たしたら、該当銘柄（①～③を満たす銘柄）を、当日終値－１%で、翌日、指値注文
- ⑦返済：「経過日数が１日以上 or 損益率２% or －２%」という条件を満たすとき、翌日、寄り成り注文

３）仕掛けの優先順位
- ①５日移動平均線乖離率　昇順

それぞれメリットとデメリットがあるため、どこを採るのかが難しいところですが、今回は総損益が高く、安定したトレード（最大ドローダウン率が小さい）とバックテストの信頼性（総トレード数が多い）を優先して、深めの押し目でうまく仕掛けられるように「25日移動平均線からの乖離率が− 10％以下の銘柄数が 100 以上」という条件を設定します（前ページの**売買ルール３**）。

```
         ～第３節～

         まとめ
```

　上昇トレンド中の下げを狙う売買ルールとして、以下の２つを作りました。

① TOPIX を利用したデイトレード（売買ルール２）
②移動平均線乖離率を利用したスイングトレード（売買ルール３）

　本節では、まとめとして、これまでの売買ルールの「TOPIX を利用したデイトレード」と「移動平均線乖離率を利用したスイングトレード」を組み合わせて売買したときのバックテスト結果を見てみましょう。

　このとき、検証時の条件として、２つのストラテジーの仕掛ける優先順位を決めます。「移動平均線乖離率を利用したスイングトレード」を優先して仕掛ける場合と、「TOPIX を利用したデイトレード」を優先して仕掛ける場合の２通りについて検証します。

　なぜ、このようなことを行うかというと、ストラテジーを複数併用するときには資金量が限定されているからです。それぞれに出たシグナルが重複するときに、どちらかのストラテジーで出たシグナルを優先させることになります。そのときの優先度によって成績が大きく変わることがあるため、優先度を決めるためのバックテストを行うことが必要なのです。

5－17　全体サマリー

	優先順位 1．スイング 2．デイトレ	優先順位 1．デイトレ 2．スイング
総トレード数	5583	6506
期待値　（%）	0.33	0.24
PF	1.47	1.36
POR	1.34	1.30
勝率（%）	52.0	51.18
最大DD（%）	7.70	7.32
総損益（円）	8,027,990	6,555,891
平均年利（%）	16.72	13.70

5－18　年次集計　年利

年次	優先順位 1．スイング 2．デイトレ	優先順位 1．デイトレ 2．スイング
2003	26.13	17.08
2004	26.39	26.67
2005	33.02	29.04
2006	28.73	27.73
2007	7.75	13.85
2008	0	0
2009	22.05	18.54
2010	1.78	2.75
2011	-3.20	-3.51
2012	10.32	10.72
2013	43.70	25.15
2014	22.16	26.62
2015	19.45	15.98
2016	2.15	-1.63
2017	12.47	8.29
2018	14.68	1.94

5-19 年次集計　最大ドローダウン率（%）

年次	優先順位 1. スイング 2. デイトレ	優先順位 1. デイトレ 2. スイング
2003	7.74	7.32
2004	3.53	6.19
2005	2.47	2.67
2006	3.28	4.66
2007	3.17	2.05
2008	2.07	0.41
2009	4.82	3.30
2010	2.19	1.84
2011	3.98	2.85
2012	2.58	2.83
2013	3.14	5.76
2014	3.31	3.73
2015	2.67	2.00
2016	1.29	1.70
2017	1.42	1.41
2018	0.92	2.24

5-20　トレンド判定による資産推移

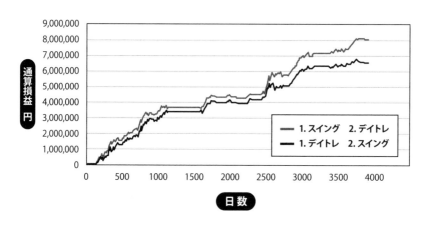

さて、バックテスト結果を見ると、優先度を変えてもほとんど差はない結果になっています。厳密には、スイングトレードを優先させたほうが、期待値や全体的な損益は大きくなりますが、デイトレードを優先させたときのほうが総トレード数が増え、最大ドローダウンも少し小さくなると言えます。

　このようにロジックが大きく異なると、ストラテジーの優先度によってバックテスト結果が大きく変わることがあります。したがって、最後に、この優先度は必ず確認するようにしましょう。
　資産推移曲線を見ると、スイングトレードを優先させたほうが優位性がやや高い結果となったため、今回はデイトレードよりスイングトレードを優先させたいと思います。

第6章

深い下げを狙った
買い戦略

～第１節～
下落相場における戦略

　ここまでのストラテジーでは、浅い下げを狙う「買いのデイトレード」と「買いのスイングトレード」を構築してきました。条件として「上昇トレンドにおいて仕掛ける」というトレンド判定を入れていました。

　下降相場では仕掛けずにスルーしたため、下降相場において一番の損失となる暴落局面を回避することはできています。

　ただ、暴落している状況ということは、裏を返せば、バーゲンセールのまま銘柄が放置されている状況でもあると言えます。

　そこで本節では、下降相場での暴落局面を乗り切るだけではなく、「あえて“暴落”を利用して利益を出すには、どのような条件で仕掛ければよいか」を考えていきたいと思います。

　アベノミクスのような強い上昇相場時は右肩上がりで上がっていくため、暴落するような局面はありませんでしたが、一般的に、暴落と呼ばれる大きな下げ局面は、年間に何回か起きます。

　暴落には、大きく２種類の形態があります。

　まず、ひとつ目のタイプです。それは、上昇相場の中で突然やってくる、最終的に押し目となる暴落です。次ページのチャートは日経平均の日足です。2017 年 9 月から日経平均は上昇相場が続きましたが、2018 年 1 月半ばから下げはじめ、2 月に入って急落しています。

172

6－1　日経平均日足（2017年9月〜2018年2月）

ずっと上昇トレンドを形成していたが、矢印のあたりから、急激に下がって
いる

相場は、基本的には波のように上がったり下がったりを繰り返しながら動いていくのですが、強い上昇相場になればなるほど、適度な押しがなく一方的に上げ続けていく傾向にあります。このとき、最終的にどういうことが起こるかというと、それまで調整するべきところでしなかったツケが出て一気に急落するのです。

　上昇期間中に買い続けてきた買い方は、「下げ」が急にやってきたときには「いったんポジションを解消しよう」とします。この動きがまとめて発生するため、このような急激な下げとなります。

　上昇相場時に起きるこのような暴落は、それまでの強い流れに慣れすぎていると、下げの初動で逃げることができず、「下げ始めたことに気づいたときにはすでに時遅し」となることが多いです。

　もうひとつの暴落のパターンは、下落トレンドの中で起きる最後の「とどめ」となる暴落です。一番わかりやすいのがリーマンショックです。次ページのチャートはリーマンショックが起きたときの2008年の日経平均のチャートです。長い下降トレンドが続き、株価は右肩下がりで下がっていくという、買い方にとっては含み損が増え続けてきつくなってきたときに、最後のとどめを刺すかのような暴落が襲ってきます。

　このような下げでは、追証が多数発生するため、強制決済で買いポジションを無理やり投げさせられる投資家がかなり出てきます。そのため、ファンダメンタルやテクニカルなどは関係なく全面安となり、信じられない安値を付けることがあります。

　先ほどの上昇局面でやってくる急落時は、それまでの上昇トレンド中に、買い方にはある程度利益が出ているので、そこまでひどい売られ方はしません。

　しかし、下落トレンドの最後の暴落では、買い方が大きな損失を出している中で一斉に投げ売るため、下がり方はさらに強烈になります。

6-2 日経平均日足（2008年6月〜11月）

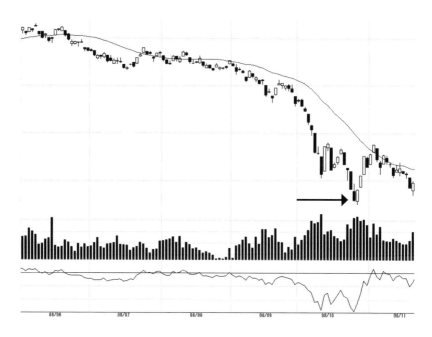

ずっと下降トレンドを形成していて、そろそろ反発かと思いきや、矢印のあたりでさらに下がっている（とどめの下げが発生している）

このタイプの暴落時にポジションを持っていると、確かに大変ですが、逆の見方をすると、どの銘柄もバーゲンセール状態にあると考えることができます。大きく下がったタイミングで仕掛けることができれば、その分、大きな利益を出すことができます。

　ここで問題となるのは、「暴落中に投げ売りが終わって、株価がリバウンドするタイミングで仕掛けることが大事だ」とわかってはいても、「そのタイミングをいったいどうやって計ればよいのか」ということでしょう。
　よく耳にするのが「落ちるナイフはつかむな」という文言です。「暴落中に安値を次々と切り下げていき、底入れしたのがわからない状態のときは買いをするべきではなく、底打ちを確認してから買いなさい」という教訓です。
　確かに、暴落中に買いで市場に入るのはかなりのリスクがあります。底入れするタイミングを間違えてしまうと、一番大きい最後の下落に巻き込まれて、かなりのダメージを食らってしまいます。だからこそ、「しっかりと買いが入り、底打ちが確認されてから買いなさい」という教えは至極真っ当なことだと思います。

　しかし、底打ちが確認されて上昇していく流れに入ったときには、すでに大底を付けたときからだいぶ日数も経っていて、株価自体もかなり戻してしまっていることが多いものです。このタイミングで市場に入っても、あまり大きな利益は獲れません。
　一番利益を出せるのは、やはり、株価が最安値を付けてそこから切り返すときです。このタイミングで仕掛けることができれば、利益も大きくなります。

　株価が底入れしたかどうかは、あとから振り返ってチャートを見れ

ば一目瞭然です。しかし、暴落している最中、つまり大陰線が続いて大きく下落しているときは、毎日のように株価が大きく下がり、世間ではネガティブなニュースが次々に出ている状況下ですから、反転するタイミングどころか、株価が上がる理由さえも見つけられなくなります。

　しかし、このような買いに適さない状況下にもかかわらず、ふと大陽線が付き、反転することがあるのです。これは、どういうことでしょうか？

　普通に考えると株を買う理由が見つかりませんから、「上がる」という現象を理解できないと思われるかもしれませんが、暴落の最中に突如として買いが入り、株価が大きく反転することは確かにあります。これは推測ではなく事実ですから疑う余地は一切ありません。ここが相場の難しいところでもあり、まだ投資を始めたばかりの方には理解しがたいところかと思います。

　「株価が反発するまさにそのときに何が起きているか？」をもう少し詳しく解説します。まず、このような下げの最終局面では、売っているのは、ほぼ間違いなく個人投資家です。周りを見渡せば、悲観的な意見にあふれ、自分の持ち株の含み損は拡大し、信用取引で買っていたならば、追証間近というような追い詰められた状態ですから、売ることしか考えられません。そんな状況の中、個人投資家がいったん売ったポジションを解消し、底入れのタイミングで、再度、買いポジションを作れるかというと、精神的に難しいでしょう。つまり、この底打ちからの反転局面で大きく買われるときは、個人投資家ではなく、機関投資家が買っていると考えられます。

　彼らには膨大な資金があります。また、どのような相場が来たときでも動ける状態にあるように資金管理を徹底しているので、まさに、このような大きく下がったタイミングは絶好の買い場と考えて仕掛け

ます。あくまでも彼らの基準で「安いから買いだ」と思うまさにその
ときですから、その理由について詳しく知る必要はありません。私た
ち個人投資家がすべきは「ここまで下がるような局面では買うものだ」
という傾向をつかむことです。

　下落中のニュースやファンダメンタル、テクニカルを見ていてもこ
のタイミングを捉えることは難しいです。だからこそのシステムトレ
ードです。大暴落の場面はシステムトレードが本領を発揮するところ
でもあります。

　では、どのような手法でそれを見極めてればよいのかを見ていきま
しょう。

～第2節～
暴落の数値化

　2000年以降に起こった主な暴落の中で、特に大きいものをもう一度整理してみましょう。

＜2000年以降の暴落相場＞

- ・2006年1月　ライブドアショック
    - →　マザーズ、新興市場がクラッシュ
- ・2008年10月　リーマンショック
    - →　全銘柄が壊滅状態
- ・2011年3月　東日本大震災
    - →　ほぼ全銘柄がストップ安
- ・2015年8月　チャイナショック
    - →　上海市場が急落し売買停止
- ・2016年6月　イギリスEU離脱ショック
    - →　日経平均の一日の下げ幅が1300円を超える
- ・2018年12月　クリスマスショック
    - →　ダウ、日経平均、マザーズがクリスマスに大暴落

　これらの暴落はかなり大きいものでした。実際にどのくらいの規模だったか、数値として表してみましょう。そこで、第2章で紹介した

「騰落レシオ」を使います（6－3）。騰落レシオとは、下のような式
で計算される数値でした。

騰落レシオ (%) = 値上がり銘柄数 ÷ 値下がり銘柄数 ×100

　第2章で説明したように、騰落レシオが100より大きいときは、値
上がり銘柄数が値下がり銘柄数よりも多いため、転じて相場が強いこ
とを示唆します。

　逆に、騰落レシオが100より低いときは、値上がり銘柄数よりも値
下がり銘柄数のほうが多いため、転じて相場が弱いことを示唆します。

　この騰落レシオは東証一部の全銘柄について、25日間で集計した
ものが一般的にはよく使われます。基本的に、騰落レシオが「70」を
下回ったときが売られすぎ、「120」を上回ったときが買われすぎの状
態にあることを示します。

　過去の日経平均と騰落レシオの関係を比較してみると、日経平均圏
と騰落レシオはある程度の相関性を持って動いていることがわかりま
す（6－4）。

　この騰落レシオが特に有効に機能するのは、売られすぎの状態に入
ったときです。相場の大底を見極めることにおいて役立ちます。ここ
で、騰落レシオのこれまでの過去の動きを整理してみましょう。

　次ページ上段の「6－3」は過去2000年から2019年までの騰落レ
シオ（東証一部25日間）をすべて表したものです。ここで見ておく
べきことは、「騰落レシオが上限と下限のどのあたりに入っているか」
です。

　上限で見ると「160」以上になることはほとんどないため、このあ
たりまで上昇してきたときは天井が近いことがわかります。

　また、下限で見ると、「60」以下になることはほとんどないため、

6-3 騰落レシオ

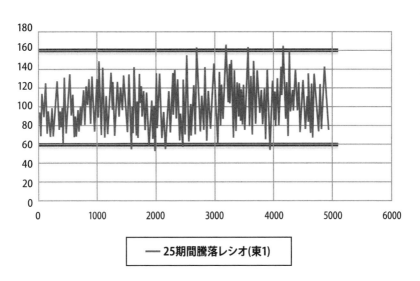

── 25期間騰落レシオ(東1)

6-4 日経平均と騰落レシオの関係

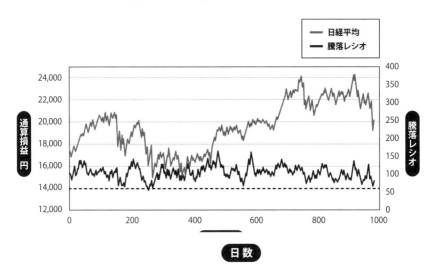

このあたりが底値圏であることがわかります。

　ここでは暴落時の底値圏で仕掛けるタイミングを見ているため、下限に注目します。では、過去の暴落時に騰落レシオがどの程度の値だったかを見てみましょう。

・ライブドアショック　2006/01/23（月）　　　91.08
・リーマンショック　2008/10/10（金）　　　54.278
・東日本大震災　2011/03/15（火）　　　73.6
・チャイナショック　2015/08/25（火）　　　67.44
・イギリス EU 離脱ショック　2016/06/24（金）　83.0
・クリスマスショック　2018/12/25（火）　　　67.13

　これを見ると、おおよそ大暴落と呼べるような大きな下げが来たときは、「75以下」くらいになったときと考えてよいでしょう。騰落レシオが「54」台まで下がったリーマンショックは、やはりダントツで大きな暴落だったとわかります。リーマンショック時は異常な相場になったため、ほとんどのテクニカル指標が機能しなくなりました。そんな中で唯一機能していたのが、この騰落レシオだったとも言われています。それだけ、この数値はこれまで起きた大暴落の底値圏をうまく捉えることのできた指標だと言えます。

～第3節～
騰落レシオを使った戦略

　前節で紹介した「騰落レシオ」を使って暴落の底値圏で仕掛けるための売買ルールを作り、バックテストを行ってみましょう。

1）騰落レシオの数値を決める

　まずは、第4章で紹介した「基本売買ルール（売買ルール1）」をベースにして、次ページのように設定します。下落中の戦略なので連続下落日数の項目は削除して、その代わりに騰落レシオの条件を追加します。

　騰落レシオについては「55以下」「60以下」「70以下」「80以下」の4つのパターンを調べてみます。

　なお、バックテスト条件で初期資産を5億円としたのは、より多くの銘柄をトレードするためです。言い換えるなら、この騰落レシオの各数値の優位性を示すバックテスト結果の信頼性を上げるためです。少ない金額だとトレードする銘柄も絞られて総トレード数が少なくなってしまうため、本当の効果が見えなくなってしまう怖れがあるからです。

　このようにあるパラメーターの優位性を検証するときには、「資金枠を外して、最大限トレード数を増やして繰り返し売買したときに、どうなったか」を見て判断するようにしましょう。

◆「売買ルール1」に条件を追加（太字部分）

1）基本条件

①初期資産　300万円

②単利運用

③デイトレード

④現物取引：1銘柄当たり仕掛け金額50万円

⑤買い

⑥売買対象：東証一部、東証二部、大証、
　　　　　　JASDAQ、マザーズ、ヘラクレス

2）仕掛け＆返済（条件含む）

①終値が100円以上

②20日平均売買代金　20億円以上

③騰落レシオ（東証一部　25日）が●以下

　　※銘柄数の対象は、東証一部、東証二部、
　　　大証、JASDAQ、マザーズ、ヘラクレス

④仕掛け：「③」の条件を満たしたら、該当銘
　　　　　柄（①〜②を満たす銘柄）を、当日
　　　　　終値－1％で、翌日、指値注文

⑤返済：（約定した）当日引け成注文

3）仕掛けの優先順位

①5日移動平均線乖離率　昇順

6-5　全体サマリー

	55以下	60以下	70以下	80以下
総トレード数	859	3042	23851	65445
期待値 （%）	1.84	0.58	0.13	0.10
PF	7.63	1.42	1.12	1.12
POR	1.69	1.15	1.08	1.09
勝率（%）	81.84	55.33	50.89	50.63
最大DD (%)	0.03	7.57	12.82	14.63
総損益（円）	29,575,510	32,401,813	56,381,534	122,487,111
平均年利 (%)	0.37	0.41	0.63	1.53

6-6　年次集計　年利

年次	55以下	60以下	70以下	80以下
2003	0	0	0	1.72
2004	0	0	3.05	2.84
2005	0	0	0.06	0.63
2006	4.86	1.40	3.11	14.59
2007	0	0.56	-1.55	3.34
2008	1.05	3.18	-2.94	-6.42
2009	0	0.07	3.02	3.03
2010	0	0	2.18	1.65
2011	0	0	1.02	1.55
2012	0	0.10	1.85	-0.39
2013	0	0	1.22	3.37
2014	0	0	0	-0.34
2015	0	0	2.15	0.52
2016	0	1.17	-2.65	-4.93
2017	0	0	0.37	1.49
2018	0	0	0.39	1.85

6-7　年次集計　最大ドローダウン率%

年次	55以下	60以下	70以下	80以下
2003	0	0	0	0.29
2004	0	0	0	2.54
2005	0	0	0	0.98
2006	0	2.10	3.98	3.14
2007	0	0.20	6.41	5.5
2008	0	7.57	12.82	14.63
2009	0	0.04	6.08	9.13
2010	0	0	2.83	6.62
2011	0	0	0.84	4.69
2012	0	0	0.7	5.16
2013	0	0	0.1	3.83
2014	0	0	0.1	1.99
2015	0	0	0.27	3.35
2016	0	0	4.7	7.43
2017	0	0	3.62	6.12
2018	0	0	3.29	5.30

　バックテスト結果が「6-5」～「6-7」です。これを見ると、騰落レシオが「55」以下のときでは、最も暴落が大きいときのみが該当しました。ここまで下がったときに仕掛けると勝率は81.84％で、最大ドローダウンが0.03％なので、かなり期待値の高いトレードを行うことができます。

　ただ、問題もあります。発生頻度があまりに少ないことです。仕掛けるタイミングがほとんどないことになります。確かに、リスクはかなり抑えてはいますが、あまりに過剰に抑えるともう少しで獲れる可能性まで見逃してしまうのがもったいないところです。

では、騰落レシオが「60」以下の場合を見てみましょう。

　このときは、暴落時にもう少し早めに仕掛けるため、勝率は55.33％に下がり、最大ドローダウンも7.57％まで多少大きくはなります。ただ、その分、総トレード数は増え、総損益、期待値も上がります。先ほどの騰落レシオが「55」以下のときよりも浅い下げで仕掛けるため、損失が出るトレードも多少出てはきますが、仕掛ける数も多くなるので、総利益としては大きくなるわけです。あとは、最大ドローダウンの7.57％を受け入れることができれば、こちらのほうが全体的に見て有効な戦略になると思います。

　もちろん、このドローダウンまでのリスクは獲らず、確実なリターンを獲りたい場合は、騰落レシオ「55」以下のほうを採用してもまったく問題ありません。

　逆に、もっとリターンが欲しい場合は、同様にして騰落レシオを少しずつ引き上げて仕掛ければよいでしょう。騰落レシオ「70」以下、あるいは「80」以下で仕掛けるなら、さらにリターンは大きくなります。ただ、ここまでくると最大ドローダウンがかなり大きくなるため、現実的にトレードするには難しくなってくるかと思います。

　このあたりは、個々のトレーダーのリスク許容度次第なので、バックテスト結果を見ながら決めていけばよいかと思います。ここでは、リスクを最優先して**騰落レシオ「55」以下**という条件を採用したいと思います。

　なお、ここまでは資金を5億円としていましたが、最終的には、資金管理を考慮し、資金300万円へと変更した売買ルールにします。さらに、資金300万円という制約がついたため、1銘柄当たりの仕掛け金額については50万円とします（**売買ルール4**）。

◆売買ルール４（太字部分が追加項目）

１）基本条件

    ①初期資産　300 万円

    ②単利運用

    ③デイトレード

    ④現物取引：1 銘柄当たり仕掛け金額 50 万円

    ⑤買い

    ⑥売買対象：東証一部、東証二部、大証、
                  JASDAQ、マザーズ、ヘラクレス

２）仕掛け＆返済（条件含む）

    ①終値が 100 円以上

    ② 20 日平均売買代金　20 億円以上

    ③騰落レシオ（東証一部　25 日）が 55 以下

      ※銘柄数の対象は、東証一部、東証二部、
        大証、JASDAQ、マザーズ、ヘラクレス

    ④仕掛け：「③」の条件を満たしたら、該当銘
            柄（①～②を満たす銘柄）を、当日
            終値－1％で、翌日、指値注文

    ⑤返済：（約定した）当日引け成注文

３）仕掛けの優先順位

    ① 5 日移動平均線乖離率　昇順

6－8　全体サマリー

	55以下
総トレード数	20
期待値　（%）	4.84
PF	-
POR	-
勝率（%）	100
最大DD（%）	0
総損益（円）	435,924
平均年利（%）	0.91

6－9　年次集計　年利

年次	55以下
2003	0
2004	0
2005	0
2006	10.03
2007	0
2008	4.50
2009	0
2010	0
2011	0
2012	0
2013	0
2014	0
2015	0
2016	0
2017	0
2018	0

6－10　年次集計　最大ドローダウン率%

年次	55以下
2003	0
2004	0
2005	0
2006	0
2007	0
2008	0
2009	0
2010	0
2011	0
2012	0
2013	0
2014	0
2015	0
2016	0
2017	0
2018	0

189ページのバックテスト結果（全体サマリー）を見てください。大きな暴落時のみにタイミングを絞ったため、総トレード数は少なくなります。ただし、条件を絞った分、強烈な下落相場でも買いで利益を出すことができるということがわかると思います。

２）経過日数を考慮する

さらに、「売買ルール４」をもう少し改良してみましょう。大暴落が起きたときは、大底を付ける前に最後の投げ売りが出て大きく下落しますが、底入れ後のリバウンドも大きく、その上昇がしばらく続きます。今の売買ルールでは、デイトレードの条件になっていますが、何日くらい保有するのが最もリバウンドを獲れるのか検証してみます。具体的には、「経過日数が●日以上」という条件を追加して、スイングトレードとして検証してみましょう（次ページ）。

192〜193ページのバックテスト結果を見てください。

仕掛けてから返済するまで持ち越す日数を変えることで、成績もだいぶ変わってきます。

持ち越しなしのデイトレードのときはドローダウンがなく、勝率も100％で確かに良い結果ではありましたが、総損益が435,924円と少し小さくなります。底打ちからのリバウンド上昇後１日持ち越してみた場合は、総損益は367,560円であまり変化ありません。

しかし、２日持ち越ししたときの総損益は、672,117円と大きく増えます。

さらに、３日持ち越ししたときの総損益は、699,551円となり、２日の場合とあまり差がありません。この結果から総損益は底打ちからのリバウンド上昇後２日持ち越し後に返済するのが最も効率が良いと言えます。

◆売買ルール4に条件を追加（太字部分）

1）基本条件

①初期資産　300万円

②単利運用

③スイングトレード

④現物取引：1銘柄当たり仕掛け金額50万円

⑤買い

⑥売買対象：東証一部、東証二部、大証、
　　　　　　JASDAQ、マザーズ、ヘラクレス

2）仕掛け＆返済（条件含む）

①終値が100円以上

②20日平均売買代金　20億円以上

③騰落レシオ（東証一部　25日）が55以下

　※銘柄数の対象は、東証一部、東証二部、
　　大証、JASDAQ、マザーズ、ヘラクレス

④仕掛け：「③」の条件を満たしたら、該当銘
　　　　　柄（①～②を満たす銘柄）を、当日
　　　　　終値－1％で、翌日、指値注文

⑤返済：経過日数が●日後に当日引け成注文

3）仕掛けの優先順位

①5日移動平均線乖離率　昇順

6－11　全体サマリー

	0日	1日	2日	3日
総トレード数	20	18	17	17
期待値 （%）	4.84	4.82	9.67	10.12
PF	-	6.92	1121	73.87
POR	-	1.44	63.07	4.13
勝率 （%）	100	77.78	94.12	94.12
最大DD（%）	0	4.98	4.90	4.86
総損益（円）	435,924	367,560	672,117	699,551
平均年利（%）	0.91	0.77	1.40	1.46

6－12　年次集計　年利

年次	0日	1日	2日	3日
2003	0	0	0	0
2004	0	0	0	0
2005	0	0	0	0
2006	7.4	13.69	14.77	16.62
2007	0	0	0	0
2008	4.34	-1.43	7.63	6.70
2009	0	0	0	0
2010	0	0	0	0
2011	0	0	0	0
2012	0	0	0	0
2013	0	0	0	0
2014	0	0	0	0
2015	0	0	0	0
2016	0	0	0	0
2017	0	0	0	0
2018	0	0	0	0

6－13 年次集計 最大ドローダウン率%

年次	0日	1日	2日	3日
2003	0	0	0	0
2004	0	0	0	0
2005	0	0	0	0
2006	0	0.35	0	0.35
2007	0	0	0	0
2008	0	4.98	2.93	4.86
2009	0	0	0	0
2010	0	0	0	0
2011	0	0	0	0
2012	0	0	0	0
2013	0	0	0	0
2014	0	0	0	0
2015	0	0	0	0
2016	0	0	0	0
2017	0	0	0	0
2018	0	0	0	0

最大ドローダウンや期待値、勝率などを比較しても日数の変化による差はほとんどないため、総損益を重視して、ここでは「経過日数が2日以上」という条件を設定したいと思います。

　なお、騰落レシオの規模と経過日数を考慮した、ここまでの売買ルールは、次ページの通りです（**売買ルール5**）。

◆売買ルール５（太字部分が追加項目）

１）基本条件

①初期資産　300 万円

②単利運用

③スイングトレード

④現物取引：１銘柄当たり仕掛け金額 50 万円

⑤買い

⑥売買対象：東証一部、東証二部、大証、
　　　　　　JASDAQ、マザーズ、ヘラクレス

２）仕掛け＆返済（条件含む）

①終値が 100 円以上

② 20 日平均売買代金　20 億円以上

③騰落レシオ（東証一部　25 日）が 55 以下

　※銘柄数の対象は、東証一部、東証二部、
　　大証、JASDAQ、マザーズ、ヘラクレス

④仕掛け：「③」の条件を満たしたら、該当銘
　　　　　柄（①～②を満たす銘柄）を、当日
　　　　　終値－１％で、翌日、指値注文

⑤返済：経過日数が２日後に、当日引け成注文

　　　　　※例えば、6 月 13 日にシグナルが出たら、
　　　　　6 月 14 日に仕掛けて、2 日後の 6 月
　　　　　16 日の引けで成行注文で返済する）

３）仕掛けの優先順位

① 5 日移動平均線乖離率　昇順

～第4節～
前日比ギャップ率を使った戦略

　暴落を数値化するための方法として騰落レシオを使いましたが、それ以外の方法でも暴落を数値化することで、より良い戦略を考えてみたいと思います。

　騰落レシオが大底圏を示したときに買い仕掛けをするという方法は、下降相場が陰の極に達して「これ以上なく売られたところで仕掛ける」という方法でした。これは、一番深いタイプの暴落になりますが、暴落にはもうひとつの種類があります。それは、先述したように、上昇相場が続いている中での突然の大きな下げです。イメージ的には、次ページの下段のようなものになります。

　騰落レシオが低いところを狙うということは、全体相場が極限まで落ち込んでいることなので、次ページの上段の図のような形で推移しているときになります。

　一方で、上昇トレンド中に突然やってくる暴落では、全体相場としてはまだ上昇トレンドの中にあるため、急落が始まる前までは、高値更新しているような強い流れで、騰落レシオは高いままになっています。

　そんな中で突然やってくる天井圏での暴落時の買うべきタイミングは、騰落レシオでは見つけることはできません。

　では、どのように天井圏での暴落時にベストのタイミングで買い仕

6－14　暴落には2つのタイプがある

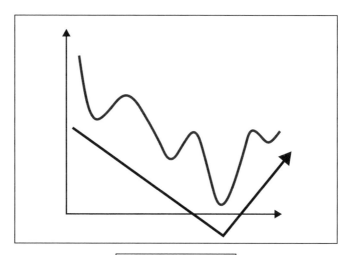

下降相場における暴落

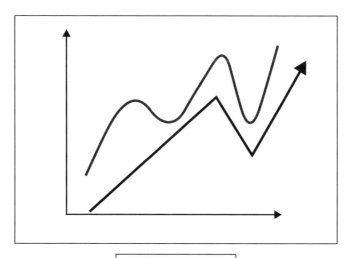

上昇相場における暴落

掛けすることができるでしょうか？

　まずは、次ページのチャートを見てください。これは 2013 年 5 月前後の日経平均チャートです。

　アベノミクス相場で強い上昇トレンドが続いていました。右肩上がりで株価が上がっていましたが、2013 年の 5 月 23 日に 1256 円もの急落が起きています（大陰線を付けています）。この下げが起きるまでは上昇トレンド継続中でしたから、まさか「急落する」とは誰も思っていない中で突然やってきたタイプの暴落です。このような暴落を捉えるために、次のようなアイデアを考えてみましょう。

　このチャートの大陰線がついているところに着目してください。この日は前日の終値に対して大きく下落していることがわかります。ローソク足でいうと下のような長い陰線になります。前日終値と当日の終値で大きくギャップが生じています。

　この「ギャップがどれだけあるか」を前日比ギャップ率（騰落率）と定義します。前日比ギャップ率の計算式は下のようになります。

前日比ギャップ率（騰落率）＝（当日終値÷前日終値－１）×１００

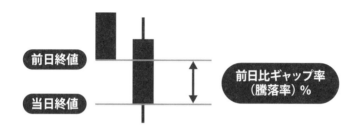

※第 2 章で紹介したものと同じです

6－15　アベノミクス相場

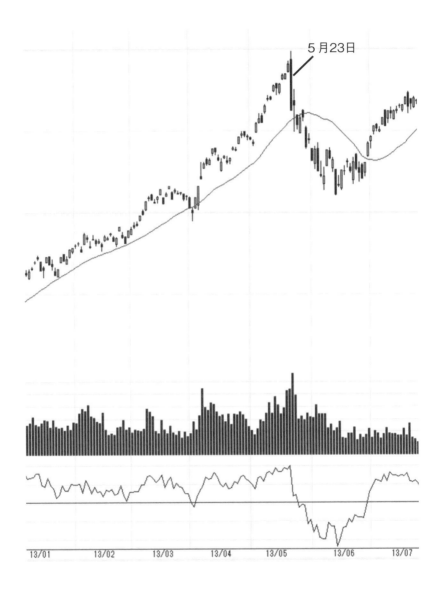

5月23日

13/01　　13/02　　13/03　　13/04　　13/05　　13/06　　13/07

この前日比ギャップ率がどのくらい大きいかを数値で把握し、その数値に該当する銘柄の数がどのくらいあるかによってこの暴落の規模を定義して検証してみましょう。売買条件としてこれを表すと、以下のようになります。

「前日比ギャップ率が●％より小さい銘柄数が●個以上」

この前日比ギャップ率●％の値には、いくつの値を入れればよいかになりますが、ここでは、いったん「－６％」に設定します。前日終値から当日終値まで、一日で６％落ちるというのはそれなりの大きい下げです。これに該当する銘柄数をいくつに設定するかもいろいろなケースが考えられますが、ここでは以下の銘柄数にします。

① 400 銘柄
② 500 銘柄
③ 600 銘柄
④ 700 銘柄

どの条件が一番良いかを検証してみましょう。この売買ルールの条件は次ページのようになります。

バックテスト結果は 202 ～ 203 ページです。

まず、全体的な年次集計（年利）の結果を見てください。先ほどの騰落レシオを使った売買ルールでは、2006 年と 2008 年の深い下げのところしか売買していませんが、今回の売買ルールでは、それ以外の年でも多く売買しています。特に 2004 年や 2013 年、2014 年、2015 年のような上昇相場中における暴落も捉えることができています。

先述した「騰落レシオ」を使った売買ルールでは、下降トレンド中

◆売買ルール１に条件を追加（太字部分）

１）基本条件
①初期資産　300 万円
②単利運用
③デイトレード
④現物取引：１銘柄当たり仕掛け金額 50 万円
⑤買い
⑥売買対象：東証一部、東証二部、大証、
　　　　　　JASDAQ、マザーズ、ヘラクレス

２）仕掛け＆決済（条件含む）
①終値が 100 円以上
② 20 日平均売買代金　20 億円以上
③前日比ギャップ率が－６％より小さい銘柄数
**　が●個以上**
※銘柄数の対象は、東証一部、東証二部、大証、
　JASDAQ、マザーズ、ヘラクレス
※●には 400、500、600、700（個）をそ
　れぞれ入れて検証
④仕掛け：「③」の条件を満たしたら、該当銘
　　　　　柄（①～②を満たす銘柄）を、当日
　　　　　終値 0％で、翌日、指値注文
⑤返済：（約定した）当日引け成り注文

３）仕掛けの優先順位
① 5 日移動平均線乖離率　昇順

6-16 全体サマリー

	400銘柄	500銘柄	600銘柄	700銘柄
総トレード数	364	258	204	172
期待値 （%）	1.70	2.11	2.33	3.09
PF	1.78	2.02	2.07	2.49
POR	1.36	1.27	1.32	1.24
勝率（%）	57.14	61.63	61.27	66.86
最大DD（%）	16.72	11.42	9.16	8.03
総損益（円）	2,482,525	2,228,423	1,938,496	2,116,114
平均年利（%）	5.17	4.64	4.04	4.51

6-17 年次集計 年利

年次	400銘柄	500銘柄	600銘柄	700銘柄
2003	13.25	13.25	10.88	7.87
2004	13.30	10.14	10.14	8.69
2005	-0.07	-0.07	0	0
2006	26.11	22.44	23.89	10.31
2007	2.57	2.57	2.57	0
2008	0.06	14.24	10.13	6.62
2009	0.72	0.72	0.72	1.84
2010	-2.88	0	0	0
2011	-10.88	-10.88	-10.88	3.03
2012	3.39	0	0	0
2013	36.90	16.45	16.45	10.79
2014	4.19	4.19	3.25	11.07
2015	5.49	5.49	1.74	3.87
2016	-7.17	-0.98	-0.98	3.87
2017	0.0	0	0	0
2018	-2.24	-3.26	-3.28	2.18

6－18　年次集計　最大ドローダウン率%

年次	400銘柄	500銘柄	600銘柄	700銘柄
2003	0.00	0.0	0	0
2004	0.15	0.0	0	0
2005	0.06	0.06	0	0
2006	2.39	2.44	2.18	2.18
2007	0.00	0.0	0	0
2008	18.31	13.06	9.98	9.74
2009	7.51	0.20	0.2	0.2
2010	8.79	0.20	0.2	0.2
2011	15.28	6.85	7.06	6.05
2012	15.28	6.85	7.06	6.05
2013	13.25	6.85	7.06	6.05
2014	0	0.0	0	0
2015	0	0.0	0	0
2016	4.29	1.15	1.21	1.19
2017	3.73	0.55	0.58	0.61
2018	5.99	2.98	3.15	0.91

に大きく下げた陰の極を狙ってリバウンドを獲るのに対し、今回の売買ルールでは、上昇トレンドにある中で急落したときのリバウンドを狙っているため、このような結果になっているわけです。

次に全体サマリーを見てみます。前日比ギャップ率が−6％より小さい銘柄数が増えていくほど大きい下げになります。ただし、そのような機会はなかなか現れないため、総トレード数や総損益は減っていきます。

一方で、銘柄数が増えるほど（400銘柄よりも500銘柄、500銘柄よりも600銘柄という具合に）、仕掛けるタイミングが深いところになるため、勝率や期待値は大きくなり、最大ドローダウンは小さくなります。

今回の結果では、銘柄数に比例して、勝率や期待値などは高くなり、最大ドローダウンは低くなる傾向がきれいに出ています。これは、仕掛けのトリガーとなる銘柄数が多いほど、より深いところで引き付けて、反発する局面の初動に近いタイミングで仕掛けることができるからです。

今回のようなパラメーターの設定では、値を実際に振ってみて、「どのような傾向があるか」をつかんだうえで決めていくことが重要です。もっと細かく取っていけばいくほど精度が良くなりますし、より最適な銘柄数を設定することができるようにもなります。今回は、700銘柄のケースが最も良い結果になりましたので、この値を採用したいと思います。

このバックテスト結果より、前日比ギャップ率が−6％より小さい銘柄数が700個以上という条件を設定すると、最終的な売買ルールは次ページのようになります（**売買ルール6**）。

◆売買ルール６（太字部分が追加項目）

１）基本条件

　　①初期資産　300 万円

　　②単利運用

　　③デイトレード

　　④現物取引：1 銘柄当たり仕掛け金額 50 万円

　　⑤買い

　　⑥売買対象：東証一部、東証二部、大証、

　　　　　　　　JASDAQ、マザーズ、ヘラクレス

２）仕掛け＆決済（条件含む）

　　①終値が 100 円以上

　　② 20 日平均売買代金　20 億円以上

　　③前日比ギャップ率が－６％より小さい銘柄数

　　が 700 個以上

　　※銘柄数の対象は、東証一部、東証二部、大証、

　　　　JASDAQ、マザーズ、ヘラクレス

　　④仕掛け：「③」の条件を満たしたら、該当銘

　　　　　　　柄（①～②を満たす銘柄）を、当日

　　　　　　　終値 0％で、翌日、指値注文

　　⑤返済：（約定した）当日引け成り注文

３）仕掛けの優先順位

　　① 5 日移動平均線乖離率　昇順

第7章

マルチストラテジー
について

～第１節～
マルチストラテジーを考える

　ここまでに検証してきたストラテジーを再度整理しましょう。今回検証したストラテジーは以下の４種類になります。

１．売買ルール２：上昇トレンドでの押し目買いデイトレード

２．売買ルール３：上昇トレンドでの押し目買いスイングトレード

３．売買ルール５：下降トレンドでの暴落時のリバウンド狙い買いスイングトレード

４．売買ルール６：上昇トレンド＆下降トレンドでの暴落時のリバウンド狙い買いデイトレード

　※売買ルール５は売買ルール４の発展系です。そのため、売買ルール４　単体での表記はありません

　それぞれ相場のトレンドに合わせて手法を変えたトレードになります。本章では、これらをまとめてマルチストラテジーとして使うとどうなるかを検証してみましょう。

　さて、この４つのストラテジーを併用してマルチストラテジーとして使うときは、次の条件を設定する必要があります。

1）運用資金
2）ストラテジーの優先順位
3）各ストラテジーへの資金配分

それぞれ解説します。

1）運用資金

まず、運用する資金をいくらに設定するかを決めます。ここでは、できるだけ多くのストラテジーのシグナルを売買するため、運用資金を少し引き上げて500万円とします。

2）ストラテジーの優先順位

運用資金が限られているため、4つのストラテジーそれぞれでシグナルが出ると、すべてのシグナルどおりに仕掛けられなくなることがあります。したがって、どれから優先的に仕掛けるかの順位を決めておきます。

まず、期待値の高い「暴落時のような深い押し目で発生する、頻度が少ないストラテジー」を第一優先にして、「浅いところの押し目を狙う頻度の高いストラテジー」の優先度を低く設定します。今回のケースでは、優先度の高い順に以下のように設定します。

1．売買ルール5：下降トレンドでの暴落時のリバウンド狙い買いスイングトレード
2．売買ルール6：上昇トレンド＆下降トレンドでの暴落時のリバウンド狙い買いデイトレード
3．売買ルール2：上昇トレンドでの押し目買いデイトレード
4．売買ルール3：上昇トレンドでの押し目買いスイングトレード

3）各ストラテジーへの資金配分

最後に、資金配分についてです。

売買ルール5（下降トレンドでの暴落時のリバウンド狙い買いスイングトレード、以下略）と売買ルール6（上昇トレンド＆下降トレンドでの暴落時のリバウンド狙い買いデイトレード、以下略）の2つのストラテジーは、暴落時の底値圏に絞って仕掛けるため、このシグナルが出たときはここに資金を集中させます。したがって、資金を100％投入するようにします。

一方、売買ルール2（上昇トレンドでの押し目買いデイトレード、以下略）と売買ルール3（上昇トレンドでの押し目買いスイングトレード、以下略）の2つのストラテジーでは浅い下げ（押し目）を狙います。

さて、浅い下げの2つのケースを見据えたとき、どのような資金配分で行うのが最適なのでしょうか。そのことを調べるために、以下のように資金配分を行ったときにどの場合がよいかを検証してみましょう。

7-1　配分パターン

	配分パターン①	配分パターン②	配分パターン③
売買ルール5	100%	100%	100%
売買ルール6	100%	100%	100%
売買ルール2	100%	75%	50%
売買ルール3	100%	75%	50%

配分パターン①の場合は、まず売買ルール５のシグナルが出た銘柄をすべて仕掛けに行き、その次に、残った資金で売買ルール６のシグナルが出た銘柄を仕掛け、さらに、その残った資金で売買ルール２のシグナルが出た銘柄すべてに仕掛けにいきます。それでも資金が残った場合、売買ルール３のシグナルが出た銘柄を仕掛けにいきます。

　実際は、大きな暴落が来たとき以外、すべての売買ルールにシグナルが出ることはあまりないので、大抵は、売買ルール２と売買ルール３を使うことになります。このとき、配分パターン②では、売買ルール２のシグナルが出た銘柄をすべて仕掛けにいくのではなく、全体資金の 75％ までしか仕掛けないようにします。そして、残りの資金で、売買ルール３のシグナルが出た銘柄を仕掛けにいきます。

　配分パターン③も同様です。売買ルール２のシグナルが出た銘柄を全体資金の 50％ までしか仕掛けないようにします。そして、残りの資金で、売買ルール３のシグナルが出た銘柄を仕掛けにいきます。つまり、このデイトレードとスイングトレードの２つに投入する資金配分を変えて、それぞれを併用して使うことで、どちらかに偏ることなく、リスクとリターンをより分散させるのです。

　それぞれの売買ルールをもう一度確認すると、212 ～ 215 ページのようになります。

1. 下降トレンドでの暴落時のリバウンド狙い買いスイングトレード

◆**売買ルール５**

１）基本条件
　①初期資産　300万円
　②単利運用
　③スイングトレード
　④現物取引：1銘柄当たり仕掛け金額50万円
　⑤買い
　⑥売買対象：東証一部、東証二部、大証、
　　　　　　　JASDAQ、マザーズ、ヘラクレス

２）仕掛け＆返済（条件含む）
　①終値が100円以上
　②20日平均売買代金　20億円以上
　③騰落レシオ（東証一部　25日）が55以下
　　※銘柄数の対象は、東証一部、東証二部、
　　　大証、JASDAQ、マザーズ、ヘラクレス
　④仕掛け：「③」の条件を満たしたら、該当銘
　　　　　　柄（①～②を満たす銘柄）を、当日
　　　　　　終値－1％で、翌日、指値注文
　⑤返済：経過日数が2日後に、当日引け成注文
　　　　　※例えば、6月13日にシグナルが出たら、
　　　　　6月14日に仕掛けて、2日後の6月16
　　　　　日の引けで成行注文で返済する）

３）仕掛けの優先順位
　①5日移動平均線乖離率　昇順

2. 上昇トレンド＆下降トレンドでの暴落時のリバウンド狙い買いデイトレード

◆**売買ルール6**

1）基本条件
 ①初期資産　300万円
 ②単利運用
 ③デイトレード
 ④現物取引：1銘柄当たり仕掛け金額50万円
 ⑤買い
 ⑥売買対象：東証一部、東証二部、大証、
       JASDAQ、マザーズ、ヘラクレス

2）仕掛け＆決済（条件含む）
 ①終値が100円以上
 ②20日平均売買代金　20億円以上
 ③前日比ギャップ率が－6％より小さい銘柄数
  が700個以上
  ※銘柄数の対象は、東証一部、東証二部、大証、
  JASDAQ、マザーズ、ヘラクレス
 ④仕掛け：「③」の条件を満たしたら、該当銘
     柄（①～②を満たす銘柄）を、当日
     終値0％で、翌日、指値注文
 ⑤返済：（約定した）当日引け成り注文

3）仕掛けの優先順位
 ①5日移動平均線乖離率　昇順

3．上昇トレンドでの押し目買いデイトレード

◆**売買ルール２**

１）基本条件
　①初期資産　300万円
　②単利運用
　③デイトレード
　④現物取引：1銘柄当たり仕掛け金額50万円
　⑤買い
　⑥売買対象：東証一部

２）仕掛け＆返済（条件含む）
　①終値100円以上
　②20日平均売買代金　20億円以上
　③連続下落日数3日以上
　④TOPIXの終値が200日移動平均線の値よ
　　り大きい
　⑤仕掛け：「④」の条件を満たしたら、該当銘柄
　　　　　　（①～③を満たす銘柄）を、当日終値
　　　　　　－1％で、翌日、指値注文
　⑥返済：（約定した）当日引け成注文

３）仕掛けの優先順位
　①5日移動平均線乖離率　昇順

4．上昇トレンドでの押し目買いスイングトレード

◆売買ルール3

1）基本条件
①初期資産　300 万円
②単利運用
③スイングトレード
④現物取引：1 銘柄当たり仕掛け金額 50 万円
⑤買い
⑥売買対象：東証一部

2）仕掛け＆返済（条件含む）
①終値が 100 円以上
②20 日平均売買代金　20 億円以上
③連続下落日数 3 日以上
④TOPIX の終値が 200 日移動平均線の値より
　大きい
⑤25 日移動平均線からの乖離率が－ 10%以
　下の銘柄数が 100 以上
　※銘柄数の対象は、東証一部、東証二部、大証、
　　JASDAQ、マザーズ、ヘラクレス
⑥仕掛け：「④」と「⑤」の条件を満たしたら、
　　　　　該当銘柄（①～③を満たす銘柄）を、
　　　　　当日終値－1 ％で、翌日、指値注文
⑦返済：「経過日数が 1 日以上 or 損益率 2 ％ or
　　　　－2 ％」という条件を満たすとき、翌
　　　　日、寄り成り注文

3）仕掛けの優先順位
①5 日移動平均線乖離率　昇順

それぞれのバックテスト結果は次の通りです。

7-2　全体サマリー

	パターン① 100%	パターン② 75%	パターン③ 50%
総トレード数	8306	7139	5607
期待値 （%）	0.38	0.42	0.47
PF	1.52	1.55	1.55
POR	1.37	1.39	1.38
勝率（%）	52.6	52.72	52.90
最大DD（%）	4.58	4.66	5.02
総損益（円）	13,480,826	12,082,961	11,036,628
平均年利（%）	16.84	15.98	13.78

7-3　年次集計　年利

年次	パターン① 100%	パターン② 75%	パターン③ 50%
2003	23.99	24.44	21.72
2004	20.43	17.81	16.98
2005	25.93	22.10	21.25
2006	44.83	44.61	38.50
2007	9.31	11.29	5.39
2008	16.24	16.24	16.24
2009	15.14	15.98	19.66
2010	3.0	2.60	0.35
2011	-5.72	-6.15	-8.51
2012	6.68	4.85	4.75
2013	42.42	45.72	40.53
2014	21.82	20.49	21.49
2015	18.19	13.42	7.16
2016	2.48	1.37	0.42
2017	15.34	12.30	7.18
2018	9.28	8.63	7.39
平均	16.84	15.98	13.78

7−4　年次集計　期待値

年次	パターン① 100%	パターン② 75%	パターン③ 50%
2003	0.74	0.87	0.97
2004	0.45	0.44	0.54
2005	0.40	0.40	0.51
2006	0.86	0.94	1.02
2007	0.19	0.27	0.16
2008	1.84	1.84	1.84
2009	0.37	0.45	0.68
2010	0.16	0.17	0.05
2011	-0.36	-0.43	-0.85
2012	0.29	0.23	0.28
2013	0.56	0.71	0.82
2014	0.36	0.40	0.55
2015	0.24	0.23	0.14
2016	0.10	0.06	0.02
2017	0.19	0.19	0.15
2018	0.23	0.24	0.27
平均	0.41	0.44	0.45

7−5　年次集計　最大ドローダウン率（％）

年次	パターン① 100%	パターン② 75%	パターン③ 50%
2003	5.03	4.72	4.28
2004	4.42	4.70	4.81
2005	1.84	1.74	1.82
2006	3.24	3.33	4.30
2007	2.08	1.80	2.04
2008	5.26	5.36	5.77
2009	2.85	2.45	2.72
2010	1.42	1.26	1.37
2011	3.31	3.52	4.44
2012	3.17	3.22	4.42
2013	3.12	2.44	2.53
2014	1.70	1.72	1.73
2015	2.44	2.23	2.77
2016	1.67	1.34	2.19
2017	0.92	0.91	1.62
2018	0.73	0.59	0.70
平均	2.70	2.58	2.97

全体サマリーを見ると、配分パターン①の 100％の比率のときが最も
総トレード数が多くなっています。しかも、期待値や PF、POR などは
ほかのパターンとほとんど変わりません。したがって、配分パターン①
が一番良い結果となります。これは、売買ルール 2 の仕掛けのシグナ
ル数が多く、売買ルール 3 のシグナル数が少ないことを示しています。

　今回のケースではあまり差が見られませんが、複数のストラテジ
ーを併用して、もっとシグナル数が多く出たときには、ストラテジー
の優先順位と資金配分が利いてきます。例えば、優先度の高い順に、
ストラテジー A、B、C、D があり、かつ、それぞれ売買条件が厳し
いもの、緩いものがあって、仕掛ける銘柄数に以下のような差がある
とします。

1.　ストラテジー A　　　仕掛け　　10 銘柄
2.　ストラテジー B　　　仕掛け　　8 銘柄
3.　ストラテジー C　　　仕掛け　　10 銘柄
4.　ストラテジー D　　　仕掛け　　6 銘柄

　このとき初期資産では 15 銘柄までしか仕掛けることができない場
合、上から順にストラテジー A、B を仕掛けていくと 15 銘柄になっ
てしまうので、その下の C と D は銘柄が出ても仕掛けられません。

　そこで、仮にそれぞれのストラテジーへの資産配分を 50％とする
と、次のようになります。

ストラテジー A が 5 銘柄（シグナルの出た 10 銘柄に対して 50％）
ストラテジー B が 4 銘柄（シグナルの出た 8 銘柄に対して 50％）
ストラテジー C が 5 銘柄（シグナルの出た 10 銘柄に対して 50％）
ストラテジー D が 1 銘柄（シグナルの出た 6 銘柄に対して 50％であ
　　　　　　　　　　　る最大 3 銘柄まで仕掛けられる）

このことを図で示すと、以下のようになります。

7−6　ストラテジーの配分パターンイメージ

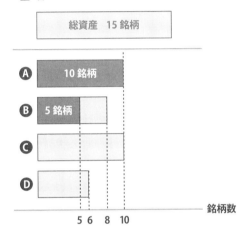

① 各ストラテジー資産配分 100%

総資産　15 銘柄

Ａ　10 銘柄
Ｂ　5 銘柄
Ｃ
Ｄ

銘柄数

5 6　8　10

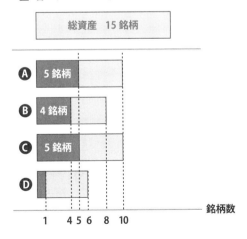

② 各ストラテジー資産配分 50%

総資産　15 銘柄

Ａ　5 銘柄
Ｂ　4 銘柄
Ｃ　5 銘柄
Ｄ

銘柄数

1　4 5 6　8　10

つまり、資金量や併用するストラテジーの数、売買条件（仕掛ける銘柄の数や頻度）などによって、成績が大きく変わってくることがあるのです。したがって、バックテストをするときには、使用するストラテジーの資産配分パターンを考えて行う必要があります。

ここまで細かく設定するのは面倒に思えるかもしれませんが、システムトレードを行ううえで重要なことなので、徐々に慣れてきたときには、資金配分についても考慮するようにしてください。

本書では、配分パターン①の「売買ルール5　100％＆売買ルール6　100％」を採用したいと思います。

なお、このパターン①でのバックテスト結果から資産推移曲線は以下のようになります。全体的に右肩上がりの資産推移となっており、優位性がありそうなストラテジーになっていると思います。

7－7　資産推移曲線

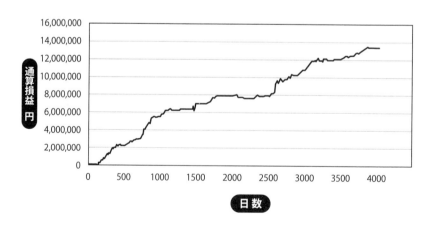

～第2節～
結果の改善を考える

　第1節のバックテスト結果は、以下の条件で売買を行ったときの結果になります。

◎初期資産 500 万円　　◎現物取引　　◎単利運用

　これは、現物取引のため、初期資産 500 万円の中で仕掛けられる銘柄数だけ売買を行うものです。そして単利運用なので、毎回 500 万円を投資し、利益が増えても、必ず 500 万円を一定として売買します。リスクを最も抑えた投資方法といってよいかと思います。

　この単利運用よりもリターンをさらに増やしたいという場合には、単純に取引方法を変えることになります。以下の 2 つの方法があります。

◎現物取引→信用取引（レバレッジ 3.3 倍）
◎単利運用→複利運用

　まず、現物取引を信用取引にすることで、初期資産 500 万円に対して、最大で 3.3 倍の 1650 万円を使って売買することができます。ただ、これは最大限の場合なので、実際には 2.5 倍くらいに抑えておいたほうがよいでしょう。

　また、単利運用を複利運用に変えることで、運用しながら増えてい

った利益を追加した「全資金」を運用資金として使えます。つまり、初期資産500万円でスタートし、運用していく中で100万円の利益が出ていたとすると、その100万円を追加した600万円を運用資金として売買していくことになります。ただし、運用額が増えるので、リターンとともに、リスクも増えていくことには注意が必要です。

実は、この点が、システムトレードにおいて重要なところなのです。資金が増えていったときに、これまで見ていた単利運用時とは違って、最大ドローダウンが大きく増えたり、バックテスト結果が大きく変わってしまうことがあります。なぜかというと、資金量が増えたことで、少ない資産で運用していたときには出なかったリスクが浮き彫りになることがあるからです。

したがって、複利運用にする（＝運用額が変わる）ことによってバックテスト結果の優位性が変わってしまうようなストラテジーになっていないかをチェックする必要があります。その意味でも、資産が増えたときを想定して、信用取引や複利運用を行ったときのバックテストを事前に行っておくことは非常に大切なことです。

では、先ほどのバックテスト条件である「現物取引の単利運用」に加えて、以下のバックテストを行ってそれぞれの結果を検証してみます。

◎信用取引（2.5倍）単利運用　　◎信用取引（2.5倍）複利運用

なお、複利運用の場合は、1年ごとの年次での複利運用とします。例えば、1年の初めにスタートした資産で1年間複利運用を行い、翌年は、また初期資産に戻して1年間複利運用を行うやり方になります。それぞれの売買条件は、これまでに紹介した各売買ルールと同じものになります。

それでは、バックテスト結果（223〜225ページ）を見ていきましょう。

7－8　全体サマリー

	現物取引	信用取引（2.5倍）	信用取引（2.5倍）
	単利運用	単利運用	複利運用
総トレード数	8306	9561	10543
期待値（%）	0.38	0.47	0.47
PF	1.52	1.58	1.58
POR	1.37	1.29	1.40
勝率（%）	52.6	51.55	53.02
最大DD (%)	4.58	7.26	22.05
総損益（円）	13,480,826	19,018,699	21,134,090
平均年利（%）	16.84	23.76	26.42

7－9　年次集計　年利

年次	現物取引	信用取引（2.5倍）	信用取引（2.5倍）
	単利運用	単利運用	複利運用
2003	23.99	39.94	44.21
2004	20.43	25.43	25.35
2005	25.93	29.93	34.40
2006	44.83	80.08	85.20
2007	9.31	18.95	21.98
2008	16.24	41.72	51.22
2009	15.14	12.54	12.19
2010	3.0	3.84	3.54
2011	-5.72	-13.54	-13.83
2012	6.68	4.01	3.99
2013	42.42	83.22	101.96
2014	21.82	28.13	30.78
2015	18.19	5.79	1.66
2016	2.48	-3.16	-3.37
2017	15.34	18.36	18.03
2018	9.28	4.91	5.37
平均	16.84	23.76	26.42

7 - 10 年次集計 期待値

年次	現物取引 単利運用	信用取引（2.5倍） 単利運用	信用取引（2.5倍） 複利運用
2003	0.74	1.07	1.08
2004	0.45	0.49	0.45
2005	0.40	0.45	0.48
2006	0.86	1.17	1.03
2007	0.19	0.31	0.33
2008	1.84	1.76	1.99
2009	0.37	0.26	0.25
2010	0.16	0.20	0.18
2011	-0.36	-0.76	-0.79
2012	0.29	0.18	0.17
2013	0.56	0.96	0.86
2014	0.36	0.42	0.42
2015	0.24	0.06	0.00
2016	0.10	-0.11	-0.13
2017	0.19	0.22	0.21
2018	0.23	0.10	0.11
平均	0.41	0.42	0.42

7－11　年次最大ドローダウン率（%）

年次	現物取引 単利運用	信用取引（2.5倍） 単利運用	信用取引（2.5倍） 複利運用
2003	5.03	4.79	5.39
2004	4.42	6.74	9.18
2005	1.84	2.24	2.22
2006	3.24	5.77	11.44
2007	2.08	3.07	8.19
2008	5.26	8.34	23.92
2009	2.85	3.29	10.92
2010	1.42	1.04	3.65
2011	3.31	4.68	16.46
2012	3.17	4.54	5.63
2013	3.12	3.46	7.94
2014	1.70	1.28	5.27
2015	2.44	4.45	22.08
2016	1.67	5.23	7.71
2017	0.92	4.21	3.16
2018	0.73	1.04	5.03
平均	2.70	4.01	9.26

次に、資産推移曲線を見ると、信用取引（レバレッジ 2.5 倍）の単
利運用は、現物のみの単利運用とほとんど変わらないほどのきれいな
右肩上がりの資産推移曲線になっています。

7 － 12　資産推移曲線

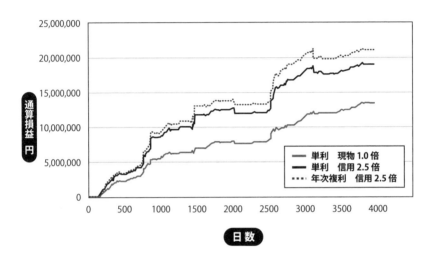

年次ごとの成績を比較すると、信用取引を使ったときのほうが、現
物のときよりも全体的に良くなっています。これは、信用取引を使う
と総トレード数が増えるためです。期待値が高ければ、総トレード数
が多いほど総損益は大きくなります。

期待値も見てみましょう。現物の単利運用の「0.38％」に対し、信
用取引（2.5 倍）の単利運用では「0.47％」と上がっています。また、
総トレード数を見ると、現物の単利運用「8306 回」に対し、信用取引（2.5
倍）の単利運用では「9561 回」と増えています。期待値が同等以上
であれば、あとは、総トレード数の増加に比例して総損益も伸びてい

きます。

　すでに説明しているように、システムトレードの命ともいうべきは総トレード数です。信用取引で総トレード数が増えていったときに、単利運用時と比べて期待値が下がってしまったり、資産推移曲線の傾向が変わってしまうようであれば、そのストラテジーには何か問題があると思ったほうがよいでしょう。総トレード数を絞り込んで特殊な条件でのみ優位性があるようなカーブフィッティングをしている可能性があるからです。

　以上のことに気づくためにも、資金量を変えたときにも優位性が同じように出ているかどうかをチェックすることはとても重要です。検証作業の中でも必ず行うようにしましょう。

第 8 章

フォワードテストと
まとめ

～第1節～
バックテストとフォワードテスト

　バックテストを行ってきた中で、一定の優位性のあるストラテジーが前章までで完成しました。「これで実際に運用すればバックテスト結果と同じようなパフォーマンスが出せるはずだから、即運用を開始しよう」と考えてしまうかもしれませんが、ちょっと待ってください。

　確かに、ここまでのバックテスト結果では優位性のある結果が得られていますが、実運用する前に「それが本当に今後も使えるものなのか」を確認しておく必要があります。それが、フォワードテストというものです。

　バックテストは過去のデータをもとに、そのストラテジーに優位性があるかを検証するものです。

　それに対し、フォワードテストは、バックテストの結果として得られたストラテジーが未来においても優位性があるかを確認するための検証です。イメージとしては次ページの上段の図のようなものです。これまで行ったバックテスト期間を延長して、その先の期間においても優位性があるかを検証します。

　例えば、第7章のバックテスト結果は2003年から2018年までの期間を調べたものです。この2018年までの過去データにおいて作ったストラテジーの売買条件を使って、この先の2019年以降にバックテスト期間を延長して再度バックテストを行います。今、この部分の原稿は

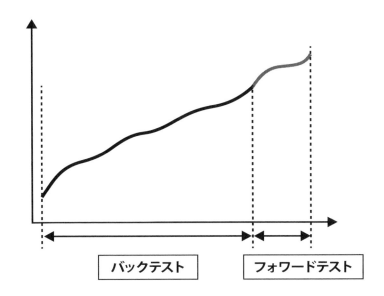

2019年に執筆していますが、ここまでのバックテストであえて2018年と設定したのは、フォワードテストを1年近く行うためです。

　それでは、これまでのストラテジーのフォワードテストを行ってみましょう。売買条件は前章までに説明したものと同じものになりますが、バックテスト期間だけ以下のように設定し直します。

◆バックテスト期間

変更前：2003/1/1 ～ 2018/12/31

変更後：2003/1/1 ～ 2019/12/31

　このようにバックテスト期間を変更することで、2019年1月1日から12月31日までのフォワードテストを行ったことになります。

8－2　全体サマリー

	現物取引　単利運用	現物取引　単利運用	信用2.5倍　単利運用
	2003～2018年	2003～2019年	2003～2019年
総トレード数	8306	8597	9852
期待値　（%）	0.38	0.38	0.46
PF	1.52	1.53	1.58
POR	1.37	1.36	1.38
勝率（%）	52.6	52.75	53.3
最大DD（%）	4.58	4.58	7.26
総損益（円）	13,480,826	13,729,243	19,267,116
平均年利（%）	16.84	16.14	22.65

8－3　現物取引　単利運用　2003 ～ 2019 年

年次	年利%	期待値%	最大DD率 %
2003	23.99	0.74	5.03
2004	20.43	0.45	4.42
2005	25.93	0.40	1.84
2006	44.83	0.86	3.24
2007	9.31	0.19	2.08
2008	16.24	1.84	5.26
2009	15.14	0.37	2.85
2010	3.0	0.16	1.42
2011	-5.72	-0.36	3.31
2012	6.68	0.29	3.17
2013	42.42	0.56	3.12
2014	21.82	0.36	1.70
2015	18.19	0.24	2.44
2016	2.48	0.10	1.67
2017	15.34	0.19	0.92
2018	9.28	0.23	0.73
2019	4.97	0.22	0.49
平均	16.14	0.40	2.57

8 − 4　信用 2.5 倍　単利運用　2003 〜 2019 年

年次	年利%	期待値%	最大DD率 %
2003	16.4	0.4	5.32
2004	30.88	0.42	6.04
2005	22.86	0.34	2.1
2006	44.62	0.6	4.22
2007	14.49	0.17	4.46
2008	9.87	0.51	6.52
2009	17.82	0.27	5.66
2010	5.24	0.21	3.27
2011	-0.05	-0.02	4.27
2012	7.72	0.23	1.58
2013	38.3	0.47	4.05
2014	15.14	0.24	2.01
2015	24.83	0.24	2.01
2016	13.85	0.28	1.83
2017	10.29	0.13	0.74
2018	15.81	0.13	2.69
2019	12.81	0.41	0.43
平均	17.69	0.295	3.36

2018年までのものはすでに検証していますので、2019年までの結果に注目してください。資産推移曲線で2019年を見ると、それまでの資産推移の延長線上でやや年利は下がりますが、右肩上がりのトレンドは続いている（＝上昇している）ことがわかります。2019年の平均年利、期待値、最大ドローダウンを見ても、2018年までの結果と同じくらいの成績を出していることがわかります。

　したがって、バックテストによって検証したストラテジーは、将来においても優位性があることを確かめることができました。

　バックテスト上では優位性のあるきれいな資産推移曲線のストラテジーが完成したのに、実運用したら良い成績がまったく得られない、ということがあります。そうならないためには、検証して得られたストラテジーをいきなり実運用に使う前に、その先1年くらいは余分に期間をとっておいてフォワードテストを行い、将来的にも優位性があることを確認しておきましょう。

8−5　資産推移曲線

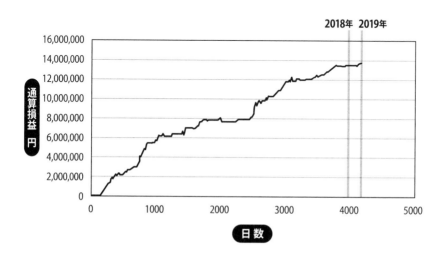

ここまでは、執筆時点が 2019 年末でしたが、その後、2020 年の 2 月以降にコロナウイルスショックによる歴史的な大暴落が起きました。この暴落時にここまでで構築したストラテジーがどのようなパフォーマンスだったかを見てみましょう。

8 - 6 　現物　単利運用　年次集計 2003 年～ 2020 年 9 月 11 日

年次	年利%	期待値%	最大DD率 %
2003	23.99	0.74	5.03
2004	20.43	0.45	4.42
2005	25.93	0.40	1.84
2006	44.83	0.86	3.24
2007	9.31	0.19	2.08
2008	16.24	1.84	5.26
2009	15.14	0.37	2.85
2010	3.0	0.16	1.42
2011	-5.72	-0.36	3.31
2012	6.68	0.29	3.17
2013	42.42	0.56	3.12
2014	21.82	0.36	1.70
2015	18.19	0.24	2.44
2016	2.48	0.10	1.67
2017	15.34	0.19	0.92
2018	9.28	0.23	0.73
2019	4.97	0.22	0.49
2020	17.67	0.71	3.31

結果を見てみると、３月からの世界的な株式市場の大暴落を受けて、一時的なドローダウンは発生しましたが、10％以下で抑えられています。日経平均は－ 25％近くも下げていますから、それに比べれば損失はかなり限定的になっています。その後も同じようにトレードを続けていくことで、大底からの反発をうまく捉えて大きく戻しています。

8 － 7　資産推移曲線　2003 年〜 2020 年 9 月 11 日（現物　単利運用）

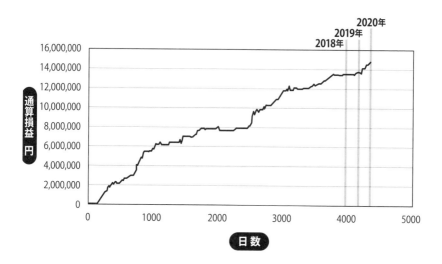

8 － 8　資産推移曲線　2020 年　1 月 6 日〜 9 月 11 日（現物　単利運用）

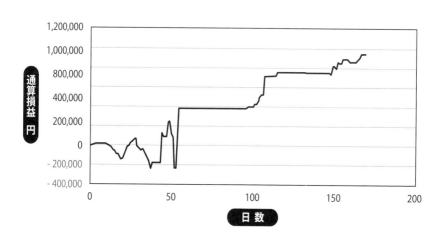

このときは、一日に、日経平均が1000円以上も動いたり、NYダウが2000ポイント近く動くような激しいボラティリティーの相場でした。しかも、4年分の上昇を2週間程度で埋めてしまうような強烈な暴落となりました。仮に、裁量でレバレッジをかけたトレードを行っていたとしたら、資金管理が難しかったと思います。特に、買いで向かっていたならば、大きな損失は避けられなかったと思います。

　一方で、システムに従ってトレードすれば、歴史的な暴落時でも資産を激減させることなく、損失を最小限に抑えられていると思います。

　さて、ここまでは、現物取引の単利運用の話でしたので、信用取引で「レバレッジを2.5倍にしたときにどうなったか」を見てみましょう。

8－9　信用2.5倍　単利運用　2003～2020年9月11日

年次	年利%	期待値%	最大DD率%
2003	39.94	1.07	4.79
2004	25.43	0.49	6.74
2005	29.93	0.45	2.24
2006	80.08	1.17	5.77
2007	18.95	0.31	3.07
2008	41.72	1.76	8.34
2009	12.54	0.26	3.29
2010	3.84	0.20	1.04
2011	-13.54	-0.76	4.68
2012	4.01	0.18	4.54
2013	83.22	0.96	3.46
2014	28.13	0.42	1.28
2015	5.79	0.06	4.45
2016	-3.16	-0.11	5.23
2017	18.36	0.22	4.21
2018	4.91	0.10	1.04
2019	4.97	0.22	0.78
2020	29.03	0.71	5.38

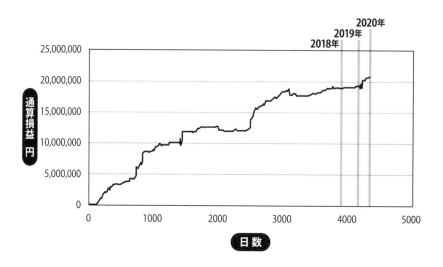

8 − 10　資産推移曲線　2003 年〜 2020 年 9 月 11 日（信用 2.5 倍　単利運用）

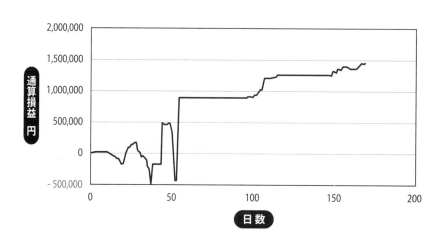

8 − 11　資産推移曲線　2020 年（信用 2.5 倍　単利運用）

237 〜 238 ページ（8 − 9 〜 8 − 11）を見てください。信用取引で
レバレッジをかけたことで、売買回数が増えました。大きな傾向は変
わらず、暴落時の影響でドローダウンはいくらか大きくなりますが、
仕掛けられる銘柄数が増えたことで、その後の反発局面では大きく上
昇し、総損益としては大きくプラスになっています。

このように、優位性のあるストラテジーだと資金量が多いほど仕掛
ける銘柄数が多くなり、分散効果も効いて、全体的なトレード成績は
良くなります。信用取引を使ったからといって、暴落時でも悪い結果
になることはありません。

ここまでの検証で優位性を確認できていれば、このような歴史的な
大暴落でも機能していることがわかります。コロナ禍がいつ収束する
か、実体経済がどこまで悪化するのか、それを考えても、現時点では
誰にも答えはわかりません。

しかし、バックテストをしっかりと行い優位性を確認していれば、
「どのような相場が来ても大丈夫」ということが確かめられたかと思
います。バックテストをしっかり行い、自信をもってシステムに従っ
てトレードしていきましょう。

～第2節～
検証してみることが大事

　ここまでのプロセスを通して、一通りのシステムトレードにおける
ストラテジーの作成の方法を説明しました。まだ読んだだけでは理解
できないことも多いかと思いますが、実際に手を動かしてストラテジ
ーを作成していくと、ここまで説明してきたことの何が重要なのかが
わかってくるかと思います。

　ストラテジー作成で大事なことは、何かちょっとしたアイデアでも
思いついたらまずは検証してみることです。そして、検証結果を見て、
想定した結果より悪いところをよく考えてみましょう。「結果が悪く
なったのか。だとしたら、どのパラメーターが影響を及ぼしているの
か。あるいは、ロジックのどこかにまだ足りない部分はないか」など、
ひとつのバックテスト結果に対して、いろいろな角度からじっくり分
析する時間をとってください。

　バックテストでは、ひたすら検証して、膨大な数を回すことが重要
であることは間違いないです。

　しかし、その結果、やみくもにパラメーターの数値を変えていって、
良い結果が得られたところを採用するというやり方は、個人的にはあ
まり良いとは思いません。結果的にそれが良い結果だったとしても、
「"なぜ"それが良かったのか」を自分で納得して説明できるかどうか
が重要です。理屈はよくわからないが、何となく数値の最適化ででき

てしまったストラテジーは、実際に使ってみるとあまり機能しないことが多いです。

　ストラテジーの命は、「なぜそうなったのか」のロジックです。パラメーターを変えていくこと自体は最終的な調整程度のものです。それよりも、売買条件のひとつひとつの条件式について、「どういう状況を想定してこれを使っているか」をじっくり考えてみてください。

　もし、良いアイデアが浮かばなくて手が進まないようなときは、チャートをよく見てみましょう。チャート上にいろいろなテクニカル指標を重ねていって、「それ（テクニカル指標）がどのような状況になっているときに株価が上がっているか、下がっているか」を調べていくと、何かの気づきが得られると思います。そういうところをスタートにして、「こういう状況になったら陽線が出やすい、陰線が出やすい」などの特徴的なところを見つけ出します。いろいろな銘柄の過去何年分ものチャートを見たり、今日一日で大きく上昇した銘柄、大きく下落した銘柄のチャートを見て、なぜそのような動きをしたか、今後の株価の動きはどうなるかを監視したりなど、地道に株価の動きをよく見ていってください。毎日、少しずつでもよいので、このような作業を習慣化して行っていくと、時間とともに確実に良いストラテジーを作ることができると思います。

　継続は力なり、です。少しずつコツコツと地道に努力を続けていってください。正しいやり方で行っていけば、着実に実力がついていきます。頑張って続けていきましょう。

～第3節～
相場で生き残るために

　ここまででシステムトレードのストラテジーの作り方について基本的なところから説明してきました。あとは、着実にひとつひとつの検証作業をこなしながら続けていけば、ご自身で実運用できるストラテジーを作ることができるでしょう。

　この章では、最後に実運用していくうえでシステムトレードにおいてもそうですが、トレーダー全般に大切になることを書きたいと思います。

　特に、システムトレードにおいては、シグナル通りに売買すればよいのですが、どうしても外部からの情報量が増えてくると、誤った情報に振り回されたり、メンタル面で左右されてシグナル通りに売買できなくなることが出てきます。そのようなことがないように、プラスアルファの知識として知っておいたほうがよいことを書きたいと思います。

1）予想をしてはならない

　システムトレードとは、過去の値動きから、統計的に将来の株価の動きを予測するものでした。そのため、新聞やニュースに出るような経済動向や、業績や流行のトレンドなどを予測することはありません。

やることは、完成したストラテジーの売買シグナルに従って、淡々と
トレードを繰り返していくだけです。

　しかし、テレビや新聞、知人との会話などいろいろなところから情
報が入ってくると、それによって、メンタルに影響が出てきます。こ
のことを如実に示すのが、大暴落が起きたときです。

　例えば、歴史的な大暴落が起きたリーマンショックのときには、大
底を付けたところで多くの買いシグナルが出ました。その後、実際に
株価が戻っていく途中でも多くの買いシグナルが出ました。重要なの
は、シグナルが出たときに、それを素直に実行できるかどうかです。

　暴落時が典型のように、優位性のあるストラテジーで、シグナルが
多く出るならば、大チャンスになります。本来は、シグナル通りに売
買すればよいだけの話ですが、実際にそのような状況（買うことに
躊躇する状況）だと、シグナル通り売買するのをためらうような心境
になりやすいです。なぜなら、そのような状況のときには、テレビや
新聞などのニュースで「大不況到来」「失業率悪化」「大企業倒産」な
どなど、悪材料ばかり目にするからです。状況的に「今は不景気だ」
と自分でもすぐに実感できるため、「株価が、上がるわけがない」と
いうマインドになってしまいます。それもそのはずで、大暴落が起き
て最後の大底となる安値を付けるときは、何も買い材料はなく、「こ
れだけ株価が下がったから来期の企業業績も相当悪化するはず。まだ
まだ２番底がやってくるから底が見えない」と思っても仕方がないの
です。

　このように、実体経済と今の株価を同時に比較してしまうと、どう
しても悲観的な考えに陥りやすくなり、多くの投資家は様子見か、売
り目線になってしまいます。でも、これが大きな誤解なのです。

　株価は将来の姿を映すもので、今の実体経済とは別物です。何を言

っているかわからない、と思うかもしれませんが、これはぜひ知って
おいてもらいたい重要なことです。

　下の図を見ながら説明していきます。まず大暴落が起きて世界的に
株価が急落すると、FRBや日銀のような各国の中央銀行が金融緩和
を行います。下落していく株価を支えるため、新たに追加の資金を市
場に供給して買い支えることで市場を安定化させます。例えば、日銀
が一日1000億円近くのETFを購入したりして株価を買い支えると、
株価は金融政策の影響を受けてすぐに反応します。ところが、先に株
価が回復しても、その流れが実体経済に回って回復するまで、少なく
とも半年は時間がかかります。そのため、この期間については実体経
済が停滞しているにもかかわらず、金融政策の力で株価が先行して上
げていくという「不景気の株高」という現象が起きます。

8 - 12　不景気の株高

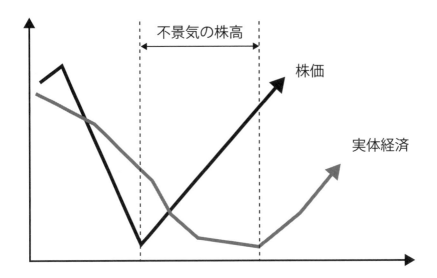

実生活で誰もが不景気を実感しているときに株価が上がっていくことに対して、理由がわからないと感じる人がほとんどかと思います。特に2012年のアベノミクス以降の相場から投資を始めた人にはまったく理解できないと思いますが、リーマンショック時から実際に相場をやっていた人にはよくわかると思います。おそらくこの説明を聞いても、実際に自分で体験しないと理解できないと思います。今起きているコロナショックがちょうどこれに当てはまるので、2020年の株価の動きと実体経済をよく見て体感しておいてください。

　また、このような大暴落が起きた後には、誰もが「長期上昇トレンドが崩れて、これから冬の時代が始まる」と考えると思います。

　しかし、大暴落の起きた後は「春の訪れ」だと考えてください。大暴落の大底は終わりの始まりではなく、新たなバブル相場の始まりになります。大暴落が起きる前は多くの投資家が買いポジションを持っていますが、このような大暴落が起きると最終局面では一斉に投げ売りとなり、買いポジションを損切りします。

　誤解されがちなのですが、買いポジションがあるということは、基本的には上がって利益が出たところで利益確定したい需要が多いということと同じ意味になるので、実は売り圧力を示します。

　逆に、買いポジションが少なくなるということは、売り圧力が少なくなるということなのです。上値が軽くなりますから、上昇しやすくなります。

　大暴落の最終局面では、強制決済などで、相場から退場させられる投資家が多く出てきます。つまり、買いポジションが少なくなっています。その後、この状況から徐々に株価が戻っていくと、新たに参入してくる投資家が増えてきます。

　247ページの上のグラフは証券会社の口座数の推移です。2011年の東日本大震災後に株価が大底を付けた後、アベノミクスの相場が始ま

って株価が上昇を始める 2012 年以降は、口座数が右肩上がりで増えています。

このように暴落時には相場参加者が入れ替わり、新規参入者と新規の資金が株式市場に入っていきます。

さらに、暴落時には中央銀行が金融緩和を行うことで、新たな資金が市場に供給されます。

ここまでの話をまとめると、暴落が起きることで実際に起こることは、以下のようなことなのです。

◎既存投資家の投げ売り、強制決済 ⟶ 売り圧力減少
◎相場に新規参加者の増加 ⟶ 市場に買い需要増加
◎中央銀行の介入 ⟶ 市場に新規の資金供給

暴落を起点として、その後、上昇する要素が大きくなるのです。つまり、暴落で大底を付けた後は、上昇しやすくなるわけです。最終的には、暴落前に付けていた高値を上抜けしてくる可能性が高いです。

次ページの下段は日経平均を長いスパンで見たチャートです。リーマンショック時に付けた最安値とその後の動きを見てください。リーマンショックで大底を付けてほとんどの投資家が投げ売ったとき、「株価はここからさらに下げ続けて日経平均は 4000 円までいく」ということまで言う人も出てきました。

しかし、その後の株価を見ればわかるように、下がるどころか長期的には暴落前の高値を抜いています。

このケース以外にも、暴落が起きたときの大底から見たら、その後は高値を最終的には更新してきているのがわかると思います。今回コロナショックによってリーマンショックを超える歴史的な暴落が起き

8 - 13　証券口座数の推移

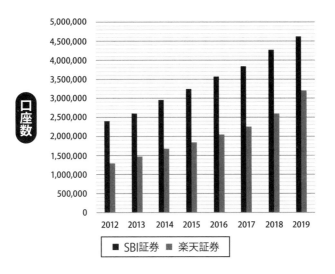

8 - 14　日経平均

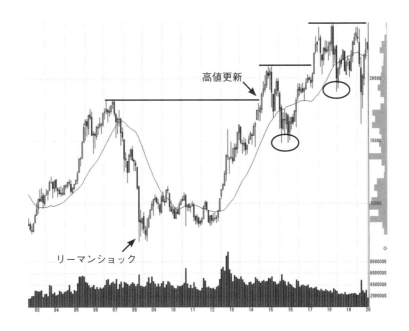

ていますが、過去の動きから考えると、最終的には、暴落前の高値を抜いてくるのではないかと考えています。

皆が投げ売って大底と思われるところまで下がった後は、実体経済もまだまだ長期的に下がっていくと思ってしまうかもしれませんが、実際にはそこが大底となり、株価は上昇しやすくなるということは知っておいてください。

そして、何より重要なのは事実をもとに自分で考えることです。「今後、株価は上がる」とか、「株価は下がる」とか、いろいろな見解が出てきたときには、それは事実なのか、それとも単なる予測なのかを見極めるようにしてください。「将来的に、この事業の業績が伸び、ファンダメンタルが良くなり、株価は高値を更新する」と考えて投資するのは、すべてがうまくいったという前提での予測になります。予測は不確かなことなので、必ずその通りになるかどうかはわかりませんし、解釈も人によって変わってきます。<u>必要なのは客観的に判断できる数値化された事実のみです。</u>数値化された事実であれば、解釈はひとつだけで、それに対して真偽を議論する余地はありません。

チャートや過去のデータから出てくるものはこのような数値化された事実です。将来の不確かなことを予測することに時間を費やすよりも、すでにある事実を追求していくようにしましょう。

2）リスクの取り方

ここまででリスクとリターンの重要性を説明してきました。人は不思議なもので、常にこのバランス（リスクとリターンのバランス）を保ち続けることは難しいものです。システムトレードであれば、機械的にルールを決めて売買していくので基本的に心配することはないのですが、人間である以上、機械のようには売買できなくなることが出てきます。

例えば、最初にトレードを始めたときは慎重に売買を行っていたとしても、ある程度うまくいって資産も増えてくると、いろいろな変化が起きてきます。その典型的なケースが「慢心」です。トレードで成功したことで自信がついてくると、「あのやり方であればもっとうまくいく」「改良してさらに利益を伸ばせるのではないか」と考え始めます。

　そして、この考えがエスカレートしていくと、通常よりも過剰なリスクを取りはじめてしまいがちになるのですが、本人はそのことに気づいていないのです。それでもうまくいっているときはよいのですが、何かのきっかけで逆回転しはじめたときは「最悪」の訪れです。すぐに売買を止めて立ち止まって考えなおすことができれば救われますが、それまでに培った成功体験が慢心へと変化していると、「たまたま起きたことにすぎないから、すぐに取り戻せる」と考えて傷口を広げてしまったり、損失をすぐに取り戻そうと、さらなるリスクを取りに行って、結果、返り討ちに遭ってしまったりします。

　戦国時代の有名な戦のひとつに桶狭間の戦いがあります。この戦では、圧倒的な兵力を持っていた今川義元に対して、織田信長は少ない兵力で大勝しました。このときの今川勢の敗因には諸説ありますが、ひとつの大きな原因として考えられているのが慢心でした。このときは、勝利を確信し、敵を侮っていた今川義元に対し、それを指摘する家臣がいなかったと言われています。

　この例だけでなく、歴史的な戦いが起きたとき、勝者と敗者を分ける大きな要因には少なからず慢心が関わっています。古今東西、変わりません。人間である以上、そのような感情はどうしても起きてしまうものなので、慢心を抑制することは難しいことなのかもしれません。

　しかし、だからといって、見過ごしてよいわけではありません。この問題をクリアしないと、継続的に勝てるようにはならないからです。

おそらく、一流のトレーダーほど、自分の感情を常に安定してコントロールできているのだと思います。だから、うまく立ち回ることができるのでしょう。

ここまでの話でもうおわかりのように、システムトレーダーに限らず、トレーダーとして最終的に一番重要になってくるのはメンタルです。トレードの知識や技術も重要ですが、それだけがあっても、長期的に生き残れるトレーダーになれるかどうかはわかりません。知識や技術に加えて、いかなるときでもメンタルを安定して高い水準に保つことができれば、真の一流トレーダーになれると思います。

では、メンタルを安定させるためにはどうすればよいでしょうか？
まず、メンタルを保つうえで重要なのはトレードの利益や資産に固執しないことです。
例えば「いち早く1億円プレーヤーになりたい」という目標を持つ方も多いと思います。そのような目標を持つこと自体は良いことですが、目標が足かせになる事実にも目を向けておく必要があります。うまくいっているときに慢心していないか、うまくいっていないときに無駄に焦っていないかなど、自身の精神状態には気を配る必要があります。特に、「今月はトレードでいくら稼がないといけない」というようなプレッシャーが強くなってきて、「一日のトレードの損益について一喜一憂するようになる」と、さらにメンタルを不安定にさせます。
基本的には、「トレードでいくら儲かった」とか、「損をした」とか、「ここで売ればいくら儲かる（損する）」といったような金勘定をするようになってくると、メンタルが不安定になってきます。そして、最終的には悪い方向に行ってしまうように思います。
実際、「資産がいくらになった」とか、「今年は年利何％になった」

などの話題は、トレーダーの間ではよく交わされます。

このとき、仮に自分がトップの成績だったとしたら、そのこと自体が逆に慢心を生んでしまうこともあります。他の人よりも成績が悪かったときにはショックを受けてネガティブになってしまうこともあるでしょう。あるいは、「負けまい」と大きく利益を取ろうとして許容範囲を超えたリスクを取ってしまうかもしれません。

このように、金勘定に意識が向くと、何かしらの影響を受けてしまいがちになるものなのです。

「幸せの基準は相対的に決まるものだ」とよく言われているように、自分の立ち位置は、他人次第であることは確かでしょう。他人と比べて幸福に感じることもあれば、不幸に感じることもあるからです。

ここで大事なのは、他人のことは関係なく、自分自身がどうかという点に戻れるかどうかです。比較するのは自分自身です。過去の自分と現在の自分を比べてみて成長していればよいのです。さらには、将来の成長した自分をイメージできれば、それだけでよいのです。

平常心でいて、かつ、メンタルを安定させておくためには、習慣化も大事になってきます。一般的には、投資や事業などで成功した人＝大金を手にして刺激的で派手な生活をしている、と思われているかもしれません。

しかし、実際はどうかというと、成功した人ほど、質素で普通な生活をしています。日常生活もある程度習慣的に自制することで、メンタルを安定させているから成功できるのだと思います。

逆に、派手にお金を使っているような人もいるかもしれませんが、そういう状態は長く続かないように思います。なぜなら、派手な行動はネガティブな面を打ち消そうとする行為だからです。成功している裏で何かしらのフラストレーションを抱えているように思います。

精神論のような話になってしまいましたが、私自身も最初はそういう話はまったく関係ないものだと思って気にしていなかった節があります。しかし、徐々に実感していくようになりました。まだピンと来ない方も多いかもしれませんが、いずれトレーダーとして成長していく過程の中で何か共感するところが出てくると思いますので、頭の片隅にでもとどめておいてください。

　相場の世界では、技術だけを追求すれば、一時的ならうまくいくときもあると思います。しかし、ある程度の資産ができたとき、それを最後まで残そうと考えたら、なかなか骨が折れることでしょう。大金を手にしたとしても、メンタルの部分が正しくセットされていないと、結局、また資産を失って元に戻ってしまうことも多いです。

　事業でも同じだと思います。創業から10年続く会社が1割以下しかないというのも、実にうなずけます。経営者の能力自体が高くて、一時的に大きく成長するときはあっても、メンタルを正しくコントロールできないと、最終的に会社をダメにしてしまう、ということなのでしょう。

　この本では、システムトレードの技術的なことについて、メインで説明してきました。その部分である程度うまくいったときには、このようなメンタルのコントロールが必要になってきますので、最後にあえて書かせていただきました。

　心技体と言うように、最終的にこれらがひとつになって初めて長く生き残れる一流のトレーダーになれるのだと思います。本書が、皆さんにとって、そのようなトレーダーとして飛躍するためのきっかけになれば、うれしい限りです。

特別付録

銘柄検索までの流れ

1　口座開設をして、ログイン画面を出す

「ここまで構築してきたストラテジーを実際に使って売買をする方法」について具体的に説明します。

各ストラテジーの売買条件を示しましたが、これに該当する銘柄を日々すべての銘柄から探していくのは大変な作業です。

いくつかの方法はありますが、ここでは Web 上のツールを使って、**無料で各ストラテジーごとにシグナル検索を行う方法**を紹介します。

シグナル検索には SBI 証券のツールを使います。

> **SBI 証券：https://www.sbisec.co.jp/ETGate**

上の URL から SBI 証券の Web サイトを開き、口座にログインします（付録 1）。事前に SBI 証券の口座を開設しておく必要があります。新規開設の手順については、本書では割愛します。以下、ログイン後の画面をもとに説明します。

2　国内株式のページに移る

ログイン後は国内株式（次ページ下段の付録 2）をクリックして国内株式のページに移ります。以下、この画面を基本に説明します。

3　売買ルール 2 に該当する銘柄を検索

まずは、売買ルール 2 を見ていきます。ストラテジーの仕掛け条件の中で、ひとつずつ該当する銘柄を検索します。

◆付録1

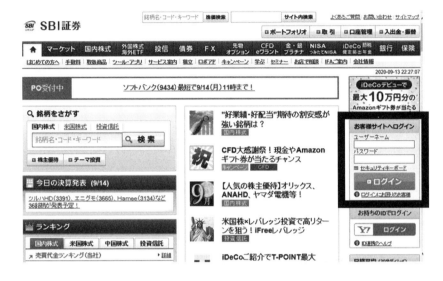

◆付録2（ログイン後の画面）

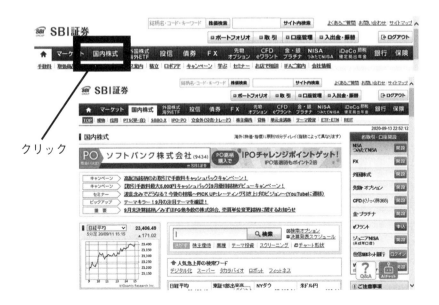

売買ルール2：上昇トレンドでの押し目買いデイトレード

◆**売買ルール2**

1）基本条件
　①初期資産　300万円
　②単利運用
　③デイトレード
　④現物取引：1銘柄当たり仕掛け金額50万円
　⑤買い
　⑥売買対象：東証一部

2）仕掛け＆返済（条件含む）
　①終値100円以上
　②20日平均売買代金　20億円以上
　③連続下落日数3日以上
　④TOPIXの終値が200日移動平均線の値よ
　　り大きい
　⑤仕掛け：「④」の条件を満たしたら、該当銘柄
　　　　　　（①〜③を満たす銘柄）を、当日終値
　　　　　　－1％で、翌日、指値注文
　⑥返済：（約定した）当日引け成注文

3）仕掛けの優先順位
　①5日移動平均線乖離率　昇順

1）手順1

売買ルール2の条件④（TOPIXの終値が200日移動平均線の値より大きい）を設定します。

以下の画面のチャート表示（拡大表示）のところで「TOPIX」に切り替えた後、チャート上をクリックします。

◆付録3

すると、以下のような大きなチャートが表示されます。手順は次の通りです。

①チャートが「日足」になっていることを確認する
②チャート画面の下に移動平均線の期間を設定する欄（3つある）のうちのひとつに「200」と入力して、「表示」をクリックすると、チャート上に200日移動平均線が表示される。
③このとき、現在値の株価が200日移動平均線より上に位置していれば、条件に該当すると判断する（注：200日移動平均線より下に位置していると仕掛け条件に該当しないことになるので、この時点で「仕掛けなし」とする）。

◆付録4

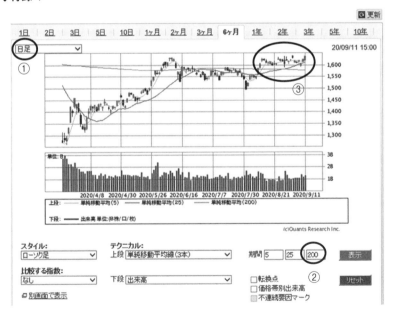

2）手順2

　「手順1」の条件がクリアできたら（200日移動平均線より株価が上だったら）、次に、以下を調べていきます。

◎終値が100円以上

◎20日平均売買代金　20億円以上

◎連続下落日数3日以上

◎優先順位　5日移動平均線乖離率　昇順

　まず、下記の画面の「スクリーニング」をクリックします。

◆付録5

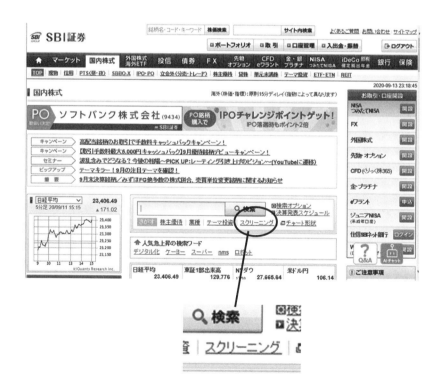

次に、下記の画面の「市場」のカテゴリーにある「東証1部」にのみチェックを入れ（①）、画面下部の検索条件をクリックします（②）。なお、③はONにしてください。

◆付録6

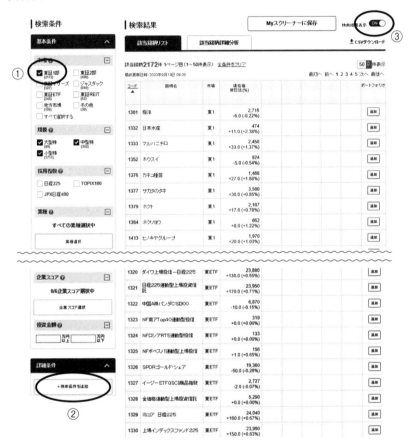

別ウィンドウが開いたら、「株価パフォーマンス」をクリックします。すると、左側に「株価」「株価騰落【円】」「株価騰落【率】」などの項目が表れます。以下の項目のみにチェックを入れて「適用」をクリックします。

◎株価
◎株価騰落【率】
◎平均売買代金

◆付録7

すると、詳細条件に、チェックした項目（株価、株価騰落【率】、平均売買代金）が追加されます。以下の項目を設定します。

◎株価：下限を 100 に設定

◎株価騰落（率）：上限を 0 に設定

◎平均売買代金：20 日に設定／下限を 2,000,000 に設定

◆付録8

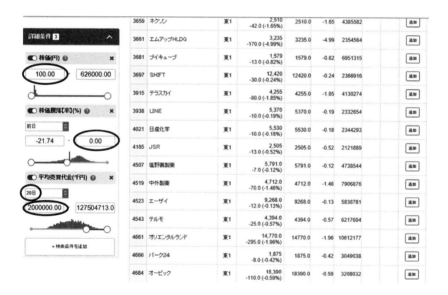

詳細条件にチェックを追加すると、該当銘柄と件数が表示されます（①）。この日の条件に該当する銘柄を右上の「CSV ダウンロード」をクリックして（②）、CSV ファイルで保存します（③）。

◆付録9

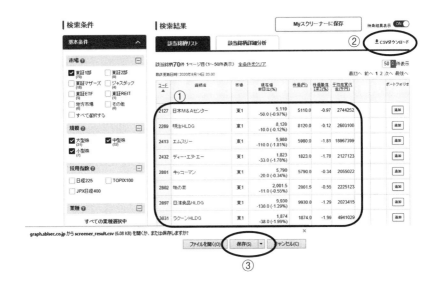

3）手順3

　ここまでの作業で、CSVファイルに前日比0%以下（前日から下落）の銘柄の一覧が保存されたことになります。

**　翌日も、「手順1」「手順2」の作業を同様に行って、CSVファイルを保存します。**

　ここまでで、2日分のファイルが作成できたことになります。

◆付録10

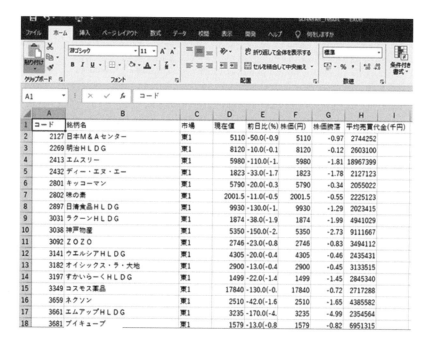

4）手順4

次に、3日目に下落した銘柄を抽出します。ここでは、仕掛けの優先順位である「5日移動平均線乖離率　昇順」に並べ替える作業を行うため、「手順2」とは少しやり方が変わります。

具体的には、CSVファイルに保存する前に以下の項目にチェックを入れて、「適用」をクリックします。

◎株価
◎株価騰落【率】
◎平均売買代金
◎株価移動平均線乖離率①

◆付録11

詳細条件項目 4/10

| 財務 | コンセンサス | 株価パフォーマンス❹ | テクニカル | その他 |

- ☑ 株価
- ☐ 株価騰落【円】
- ☑ 株価騰落【率】
- ☐ 時価総額
- ☐ 日中売買代金
- ☑ 平均売買代金
- ☑ 株価移動平均線乖離率①
- ☐ 株価移動平均線乖離率②
- ☐ 株価移動平均線乖離率③
- ☐ 年初来安値更新
- ☐ 年初来高値更新
- ☐ 年初来安値からの上昇率
- ☐ 年初来高値からの下落率
- ☐ 値上がり率
- ☐ 値下がり率
- ☐ 過去52週安値からの上昇率
- ☐ 過去52週高値からの下落率
- ☐ 出来高平均6日/25日倍率
- ☐ 出来高増加率
- ☐ 売買代金増加率
- ☐ 過去60日ボラティリティ
- ☐ 日経平均の値上がり率上回り
- ☐ 日経平均の値下がり率下回り
- ☐ 信用残/売買高レシオ
- ☐ 信用残(買)
- ☐ 信用残(売)
- ☐ 信用残前週比(買)
- ☐ 信用残前週比(売)
- ☐ 信用倍率

適用

すると、詳細条件に「手順4」でチェックした項目が追加されます。以下の項目を設定します。

◎株価：下限を 100 に設定
◎株価騰落【率】：上限を 0 に設定
◎平均売買代金：20 日に設定／下限を 2,000,000 に設定
◎株価移動平均乖離率：5 営業日前に設定／上限を 0 に設定

◆付録12

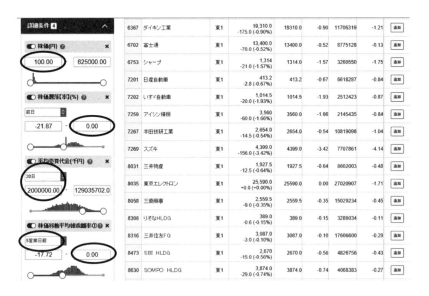

前ページの「詳細条件」に数値を入れると、該当銘柄と件数が表示されます（①）。「優先順位　５日移動平均線乖離率　昇順」に仕掛けるため、「株価移動平均乖離率①（％）」をクリックすると、昇順に並び替えられます（②）。そのあとで、右上の「CSV ダウンロード」をクリックし、保存します（③）。

◆付録13

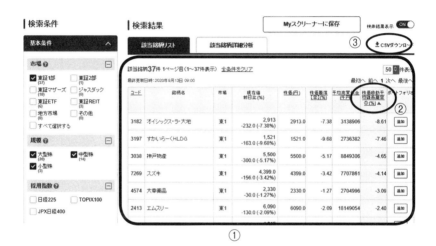

5）手順5

　ここまでで、前日終値に対して下落した銘柄について、

①2日前　※手順2＆手順3
②1日前　※手順2＆手順3
③当日（5日移動平均乖離率）　※手順4

の日にちごとに 3つの CSV ファイルを作りました。これで計3日分の「前日から下落した銘柄のデータ」が作成できたことになります。

　次に、この3つの CSV ファイルから該当する銘柄を抽出します。
「連続下落日数3日以上」に該当する銘柄は、この3つの CSV ファイルに共通して出ている銘柄になります（付録14）。

　そこで、最初に、「当日の CSV ファイル」を開き、そこにリストアップされている銘柄が、「2日前」「1日前」の CSV ファイルにも入っているかどうかをひとつずつ確認します［注：今回の売買ルール2に限らず、前提条件（今回は TOPIX の終値が200日移動平均線よりも大きい）が生きている間は、1日1回、「手順4」の作業を実行し、3日連続で下げている銘柄があるかどうかを確認しないといけません。面倒な作業ですが、慣れてくれば、5分ほどで完了します］。

　その作業が終わり、「当日の CSV ファイル」の中で、該当する銘柄がわかったら、上から順に仕掛けます（「優先順位　5日移動平均線乖離率　昇順」に仕掛けるため、CSV 作成時にこの順に上から銘柄が並ぶように指定しています。付録15）。

　1銘柄の仕掛け金額は50万円以下なので、その金額に合わせて上から順に該当する銘柄を仕掛けていきます。

269

◆付録14

当日

	A	B
1	コード	銘柄名
2	9603	エイチ・アイ・エス
3	4666	パーク２４
4	7201	日産自動車
5	7202	いすゞ自動車
6	5411	ジェイエフイーＨＬＤＧ
7	7261	マツダ
8	9104	商船三井
9	7752	リコー
10	5401	日本製鉄
11	1605	国際石油開発帝石
12	1928	積水ハウス
13	7259	アイシン精機
14	9101	日本郵船
15	7453	良品計画
16	8604	野村ＨＬＤＧ

1日前

	A	B
22	8830	住友不動産
23	9020	東日本旅客鉄道
24	9021	西日本旅客鉄道
25	9022	東海旅客鉄道
26	9143	ＳＧ　ＨＬＤＧ
27	9201	日本航空
28	9202	ＡＮＡ　ＨＬＤＧ
29	9432	日本電信電話
30	9433	ＫＤＤＩ
31	9437	ＮＴＴドコモ
32	9502	中部電力
33	9503	関西電力
34	9602	東宝
35	9603	エイチ・アイ・エス
36	9735	セコム
37	9766	コナミＨＬＤＧ

2日前

	A	B
56	8802	三菱地所
57	9064	ヤマトＨＬＤＧ
58	9101	日本郵船
59	9104	商船三井
60	9143	ＳＧ　ＨＬＤＧ
61	9432	日本電信電話
62	9433	ＫＤＤＩ
63	9434	ソフトバンク
64	9437	ＮＴＴドコモ
65	9603	エイチ・アイ・エス
66	9613	エヌ・ティ・ティ・データ
67	9684	スクウェア・エニックスＨＬＤＧ
68	9735	セコム
69	9766	コナミＨＬＤＧ
70	9843	ニトリＨＬＤＧ
71	9983	ファーストリテイリング

◆付録15

	A	B	C	D	E	F	G	H	I	J	K
1	コード	銘柄名	市場	現在値	前日比(%)	株価(円)	株価騰落	平均売買代	株価移動平均線乖離率(%)		
2	9603	エイチ・アイ・エス	東1	1910	-53.0(-2.7	1910	-2.7	3864881	-4.6		
3	4666	パーク２４	東1	1759	-126.0(-6.	1759	-6.68	3253144	-4.59		
4	7201	日産自動車	東1	388.3	-9.9(-2.49	388.3	-2.49	6764465	-4.17		
5	7202	いすゞ自動車	東1	985	-43.0(-4.1	985	-4.18	2393483	-3.68		
6	5411	ジェイエフイーＨＬＤＧ	東1	829	-6.0(-0.72	829	-0.72	2618169	-3.54		
7	7261	マツダ	東1	658	-11.0(-1.6	658	-1.64	3790843	-3.38		
8	9104	商船三井	東1	2206	-72.0(-3.1	2206	-3.16	3539067	-3.36		
9	7752	リコー	東1	721	-23.0(-3.0	721	-3.09	2085133	-3.35		
10	5401	日本製鉄	東1	1107.5	-18.0(-1.6	1107.5	-1.6	5530415	-3.35		
11	1605	国際石油開発帝石	東1	605	-15.3(-2.4	605	-2.47	3941348	-3.35		
12	1928	積水ハウス	東1	1956.5	-29.5(-1.4	1956.5	-1.49	3530376	-3.2		
13	7259	アイシン精機	東1	3425	-55.0(-1.5	3425	-1.58	2277399	-3		
14	9101	日本郵船	東1	1813	-52.0(-2.7	1813	-2.79	3669420	-2.83		
15	7453	良品計画	東1	1652	-47.0(-2.7	1652	-1.73	4284350	-2.78		
16	8604	野村ＨＬＤＧ	東1	516.9	-11.5(-2.1	516.9	-2.18	5112218	-2.77		
17	5201	ＡＧＣ	東1	3110	-55.0(-1.7	3110	-1.74	2221552	-2.75		

上から順に仕掛ける

4　売買ルール3に該当する銘柄を検索

　ここからは、売買ルール3（次ページ）を見ていきます。ストラテジーの仕掛け条件の中で、ひとつずつ該当する銘柄を検索します。

　この買いのスイングストラテジー（売買ルール3）では、以下の「もうひとつ違う前提条件」が入っています。

「25日移動平均線からの乖離率が－10%以下の銘柄数が100以上（銘柄数の対象は、東証一部、東証二部、大証、JASDAQ、マザーズ、ヘラクレス）」

　この前提条件に該当するかどうかを、スクリーニング機能で調べます［売買ルール3の手順1（※売買ルール3のみ、「手順1」が2つあります。283ページの早見表参照）］。

　なお、前提条件をクリアした場合、以下の条件に遭う銘柄を探します。

◎売買対象：東証一部
◎仕掛け条件
　・20日平均売買代金　20億円以上
　・連続下落日数3日以上
　・TOPIXの終値が200日移動平均線の値より大きい
　・優先順位　5日移動平均線乖離率　昇順

　この銘柄は、売買ルール2で説明した買いのデイトレードのストラテジーの売買条件と同じです。必然的にCSVにするまでの作業も同じ手順（手順2～手順5）になりますので、その部分は割愛します。

売買ルール３：上昇トレンドでの押し目買いスイングトレード

◆**売買ルール３**

１）基本条件
①初期資産　300 万円
②単利運用
③スイングトレード
④現物取引：1 銘柄当たり仕掛け金額 50 万円
⑤買い
⑥売買対象：東証一部

２）仕掛け＆返済（条件含む）
①終値が 100 円以上
② 20 日平均売買代金　20 億円以上
③連続下落日数 3 日以上
④ TOPIX の終値が 200 日移動平均線の値より
　大きい
⑤ 25 日移動平均線からの乖離率が－ 10%以
　下の銘柄数が 100 以上
　※銘柄数の対象は、東証一部、東証二部、大証、
　　JASDAQ、マザーズ、ヘラクレス
⑥仕掛け：「④」と「⑤」の条件を満たしたら、
　　　　　該当銘柄（①～③を満たす銘柄）を、
　　　　　当日終値－ 1 ％で、翌日、指値注文
⑦返済：「経過日数が 1 日以上 or 損益率 2 ％ or
　　　　－ 2 ％」という条件を満たすとき、翌
　　　　日、寄り成り注文

３）仕掛けの優先順位
① 5 日移動平均線乖離率　昇順

「市場」の項目の対象銘柄すべてにチェックを入れたあと（①）、「検索条件を追加」をクリックします（②）。

◆付録16

別ウィンドウが開きます。「株価パフォーマンス」をクリックしたあと、さらに「株価移動平均線乖離率①」をクリックします。

◆付録17

詳細条件項目 1/10

| 財務 | コンセンサス | **株価パフォーマンス 1** | テクニカル | その他 |

- [ ] 株価
- [ ] 株価騰落【円】
- [ ] 株価騰落【率】
- [ ] 時価総額
- [ ] 日中売買代金
- [ ] 平均売買代金
- [✓] 株価移動平均線乖離率①
- [ ] 株価移動平均線乖離率②
- [ ] 株価移動平均線乖離率③

- [ ] 年初来安値更新
- [ ] 年初来高値更新
- [ ] 年初来安値からの上昇率
- [ ] 年初来高値からの下落率
- [ ] 値上がり率
- [ ] 値下がり率
- [ ] 過去52週安値からの上昇率
- [ ] 過去52週高値からの下落率

- [ ] 出来高平均6日/25日倍率
- [ ] 出来高増加率
- [ ] 売買代金増加率
- [ ] 過去60日ボラティリティ
- [ ] 日経平均の値上がり率上回り
- [ ] 日経平均の値下がり率下回り
- [ ] 信用残売買高レシオ
- [ ] 信用残(買)
- [ ] 信用残(売)

- [ ] 信用残前週比(買)
- [ ] 信用残前週比(売)
- [ ] 信用倍率

適用

株価移動平均線乖離率を25営業日前に設定し、上限を「－10」にします（①）。詳細条件を設定すると、該当する銘柄が表示されます。**この銘柄数（②）が売買条件の100以上のとき**に、「手順2～手順5（本章の245～269ページ）」で示した方法で銘柄を選択して、仕掛けます（以下の例の場合は銘柄数が「40」なので見送りです）。

◆付録18

5 売買ルール6に該当する銘柄を検索

　売買ルール6を見ていきます。このストラテジーでは、以下の前提条件に該当するかを、まず判定します（売買ルール6の手順1）。

「前日比ギャップ率が−6％より小さい銘柄数が700個以上（東証一部、東証二部、大証、JASDAQ、マザーズ、ヘラクレス）」

◆**売買ルール6**

1）基本条件
　①初期資産　300万円
　②単利運用
　③デイトレード
　④現物取引：1銘柄当たり仕掛け金額50万円
　⑤買い
　⑥売買対象：東証一部、東証二部、大証、
　　　　　　　JASDAQ、マザーズ、ヘラクレス

2）仕掛け＆決済（条件含む）
　①終値が100円以上
　②20日平均売買代金　20億円以上
　③前日比ギャップ率が−6％より小さい銘柄数
　　が700個以上
　　※銘柄数の対象は、東証一部、東証二部、大証、
　　　JASDAQ、マザーズ、ヘラクレス
　④仕掛け：「③」の条件を満たしたら、該当銘柄（①
　　　　　　〜②）を、当日終値0％で、翌日、指
　　　　　　値注文
　⑤返済：（約定した）当日引け成り注文

3）仕掛けの優先順位
　◎5日移動平均線乖離率　昇順

この条件の判定は以下の手順で行います。

①対象銘柄をすべてチェックする

②株価騰落【率】（％）の上限を「－6」に設定する

③該当する銘柄数が 700 以上あるときに仕掛け条件が成立

◆付録19

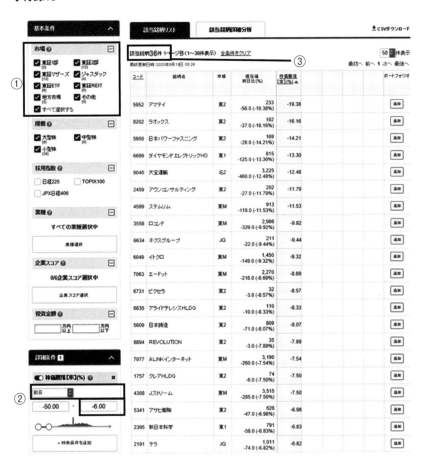

この条件に該当した場合のみ（700 銘柄以上あるとき）、下記の条件を設定して仕掛ける銘柄をスクリーニングします（前ページの例では、銘柄数が「36」なので見送りです）。

◎売買対象

東証一部、東証二部、大証、JASDAQ、マザーズ、ヘラクレス

◎仕掛け条件

・終値が 100 円以上

・20 日平均売買代金　20 億円以上

・優先順位　5 日移動平均線乖離率　昇順

上記条件に合致する銘柄のスクリーニング方法については、「手順4（本章の 265 ページ）」とほぼ同じになる（厳密には、株価騰落【率】は外す）ので、ここでは割愛します。

6 売買ルール5に該当する銘柄を検索

売買ルール5を見ていきます。最初に、以下の前提条件をクリアしているかどうか、確認します（売買ルール5の手順1）。

「騰落レシオ（東証一部　25日）が55以下」

◆**売買ルール5**

1）基本条件
① 初期資産　300万円
② 単利運用
③ スイングトレード
④ 現物取引：1銘柄当たり仕掛け金額50万円
⑤ 買い
⑥ 売買対象：東証一部、東証二部、大証、
　　　　　　　 JASDAQ、マザーズ、ヘラクレス

2）仕掛け＆返済（条件含む）
① 終値が100円以上
② 20日平均売買代金　20億円以上
③ 騰落レシオ（東証一部　25日）が55以下
　　※銘柄数の対象は、東証一部、東証二部、
　　　　大証、JASDAQ、マザーズ、ヘラクレス
④ 仕掛け：「③」の条件を満たしたら、該当銘柄（①
　　　　　　～②を満たす銘柄）を、当日終値－1
　　　　　　％で、翌日、指値注文
⑤ 返済：経過日数が2日後に、当日引け成注文

3）仕掛けの優先順位
① 5日移動平均線乖離率　昇順

スクリーニングする当日の騰落レシオを以下のサイトで確認します。

①騰落レシオ 日経平均比較チャート

https://nikkei225jp.com/data/touraku.php

サイトを開いて下にスクロールすると、以下の画面が見つかります。

日付	日経平均株価	日経平均(変化)	東証一部出来高(百万株)	値上がり銘柄数	値下がり銘柄数	騰落レシオ(25日)	騰落レシオ(15日)	騰落レシオ(10日)	騰落レシオ(6日)
2020-09-17	23,319.37	-156.16	1,108	1,116	931	111.65	131.80	143.85	181.83
2020-09-16	23,475.53	+20.64	1,168	1,357	732	114.60	126.16	145.02	150.62
2020-09-15	23,454.89	-104.41	1,171	828	1,248	117.03	119.73	141.60	172.01
2020-09-14	23,559.30	+152.81	1,176	1,619	471	125.93	132.75	144.05	200.55
2020-09-11	23,406.49	+171.02	1,297	1,601	480	119.18	122.67	143.53	142.78
2020-09-10	23,235.47	+202.93	1,151	1,523	562	112.39	118.73	116.93	124.30
2020-09-09	23,032.54	-241.59	1,360	588	1,497	107.86	103.41	101.79	113.24
2020-09-08	23,274.13	+184.18	1,074	1,757	344	118.29	110.76	109.08	126.03
2020-09-07	23,089.95	-115.48	1,062	1,277	817	117.99	100.10	106.61	120.06
2020-09-04	23,205.43	-260.10	1,074	617	1,457	107.70	92.22	101.32	95.36

騰落レシオ 30営業日

日経平均株価

シグナル当日の日付を確認

この数値を確認

②投資の森

https://nikkeiyosoku.com/up_down_ratio/

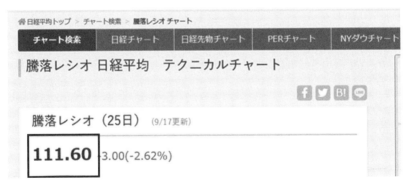

チャート検索 ＞ チャート検索 ＞ 騰落レシオ チャート

チャート検索 | 日経チャート | 日経先物チャート | PERチャート | NYダウチャート

騰落レシオ 日経平均 テクニカルチャート

騰落レシオ（25日） (9/17更新)

111.60 3.00(-2.62%)

この数値を確認

騰落レシオ（25日）が「55以下」になっている場合のみ条件に該当するため、仕掛けを行います（注：「55以下」でない場合には仕掛けません）。

仕掛ける銘柄は、以下の条件に該当する銘柄になります。

◎売買対象
　東証一部、東証二部、大証、JASDAQ、マザーズ、ヘラクレス
◎仕掛け条件
　・終値が100円以上
　・20日平均売買代金　20億円以上
　・優先順位　5日移動平均線乖離率　昇順

上記条件に合致する銘柄のスクリーニング方法については、「手順4（本章の265ページ）」とほぼ同じになる（厳密には、株価騰落【率】は外す）ので、ここでは割愛します。

7　便利な銘柄スクリーニングツール

ここまでは、無料で使えるツールによる銘柄スクリーニング方法について説明してきました。しかし、実際に手順通りにやってみるとわかるように、毎日データ取りが必要など、それなりに時間と手間がかかると感じるかもしれません。

実は、もっと効率的に簡単に銘柄スクリーニングを行う方法があります。有料でそれなりの導入コスト（15万円前後）はかかってしまいますが、その分、高度なバックテストをプログラミングの知識がなくても簡単に行えます。また、売買シグナルも、銘柄スクリーニングの詳細設定も簡単に行うことができます。

作業にかける時間とリターン、コストのどれを重視するかは個々の

考え方にもよると思いますので、参考までに、有料ではあるものの、使い勝手の良いソフトを紹介しておきます。

◎システムトレードの達人
https://sys-tatsu.com/

◎シストレ魂
http://kabu-trading.com/order.html

◎イザナミ
https://www.izanami.jp/purchase_x.html

バックテストとフォワードテストについて

　バックテストとフォワードテストを精緻に行うならば、有料のソフト（ツール）を手に入れる必要があります。ちなみに、私が使っているものは上記のソフトです。

　ソフトによって、使い方は変わってくるので（それぞれのソフトの取り扱い説明書的な解説になるので）、本書では、その部分は割愛します。

◆銘柄選択の流れ　早見表

1）売買ルール2の銘柄選択の流れ

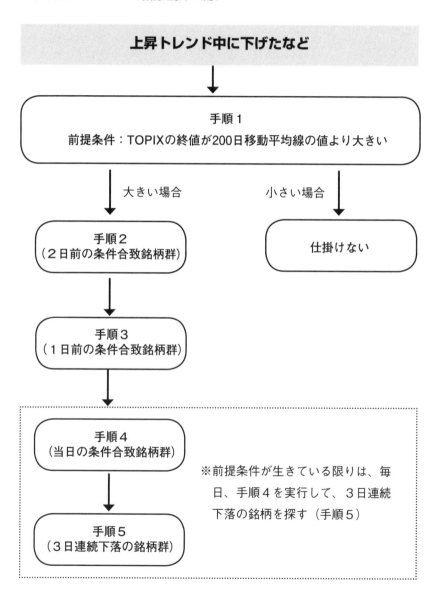

2）売買ルール３の銘柄選択の流れ

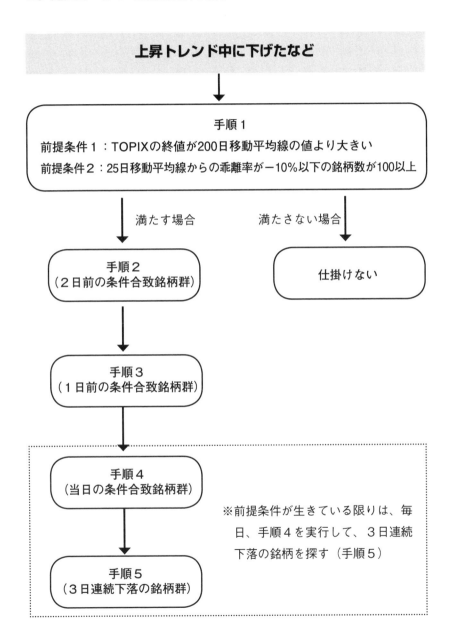

上昇トレンド中に下げたなど

手順1
前提条件１：TOPIXの終値が200日移動平均線の値より大きい
前提条件２：25日移動平均線からの乖離率が－10％以下の銘柄数が100以上

満たす場合　　　　　　　満たさない場合

手順2
（２日前の条件合致銘柄群）

仕掛けない

手順3
（１日前の条件合致銘柄群）

手順4
（当日の条件合致銘柄群）

※前提条件が生きている限りは、毎日、手順４を実行して、３日連続下落の銘柄を探す（手順５）

手順5
（３日連続下落の銘柄群）

3）売買ルール5の銘柄選択の流れ

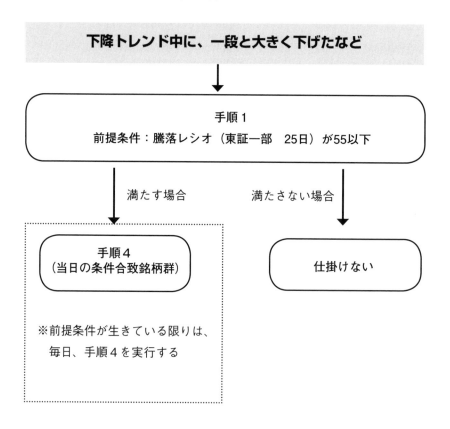

下降トレンド中に、一段と大きく下げたなど

手順1
前提条件：騰落レシオ（東証一部　25日）が55以下

満たす場合

満たさない場合

手順4
（当日の条件合致銘柄群）

仕掛けない

※前提条件が生きている限りは、
毎日、手順4を実行する

４）売買ルール６の銘柄選択の流れ

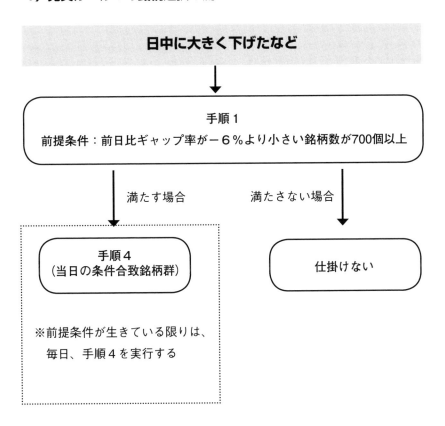

日中に大きく下げたなど

手順１
前提条件：前日比ギャップ率が－６％より小さい銘柄数が700個以上

満たす場合

満たさない場合

手順４
（当日の条件合致銘柄群）

仕掛けない

※前提条件が生きている限りは、
毎日、手順４を実行する

あとがき

　ここまで、システムトレードを中心に、トレーダーとして相場に向き合うにあたって私個人の感じていることを書いてきました。

　相場は生き物です。常に進化し続けています。相場をとりまく金融・経済などの環境や世界情勢の変化はもちろん、バブルや暴落を繰り返す中で市場参加者（トレーダー）も目まぐるしく入れ替わっているからでしょう。

　そのような変化に応じていくためには、トレーダー自身も、日々、勉強し続けていかなければいけません。

　相場の世界において「何が正しいか」は、最後までわかりません。結果がすべてなので、最終的に残っているノウハウがあるとすれば、そのやり方が正しかったということなのかもしれません。それだけ、一筋縄ではいかないのが相場の世界です。

　おそらく、これからの長い相場との付き合いの中で、大きく勝つこともあれば、大きく負けることもあることでしょう。さまざまなことを経験すると思います。

　「長い間、ずっと勝ち続けて、順風満帆で何の悩みもない」ということはまずなく、むしろ、長く険しい道を歩んでいくことになるほうが多いでしょう。

　ただ、仮に、そんな状況になったとしても……。私が経験してきた失敗とそこから得たことを少しでも読者の方に伝えることで、この険しい道が少しでもなだらかになるならば、著者として、うれしい限り

です。

　この本を執筆するにあたり、システムトレードのアイデアからプログラミングまでいつも多大な協力をいただいている小島洋昭様、ロジカルな分析で膨大な検証をされ、豊富な知識をもとに相談に乗っていただいているシステムトレーダーの夢幻さん、長年切磋琢磨し、システムトレードのストラテジー開発に取り組んでいるトレーダーチーム、シルバーマンの方々、このような本を出版する機会を作っていただいた、投資家JACKさん、そして、私の稚拙な文章に向き合って、このような本の形にまで完成していただいた、パンローリング編集部の磯﨑公亜様には心より御礼を申し上げます。

　最後に、著名なトレーダーの格言を紹介します。今後、相場に向き合っていく中で、迷ったときや調子が良いときなど、いろいろな場面で思い返してみてください。

●

◆リチャード・デニス

・自分の資金の日々の増減に振り回されてはいけない。
・1回1回のトレードの結果がもつランダムな性格ではなく、自分が
　正しいことをやっているかどうかに焦点を当てなさい。

◆ゲーリー・ビールフェルド

・もしあるトレードで失敗しても、それを適切に処置して次のトレー
　ドに備えられるという姿勢を持っていなければならない。

・損をしたことで、感情的になってはいけないんだ。

◆マイケル・スタインハルト

・とても競争の激しい仕事だと認識すること。そして、株を売ったり
　買ったりするときには、人生の大半を賭けて努力している連中と競
　争しているのだと認識することです。

◆ポール・チューダー・ジョーンズ

・英雄を気取ってはいけない。
・自己中心的な考え方をしてはいけない。
・常に自分自身とその能力を疑ってみる。
・自分はうまいんだなどと思ってはいけない。そう思った瞬間、破滅
　が待っている。

◆ブライアン・ゲルバー

・もし儲けることにこだわらなければ、うまくいく。それにこだわり
　過ぎると、結果は悪くなる。

◆トム・ボールドウィン

・生き残るためには一生懸命トレードに打ち込むこと。
・忍耐力です。
・カネに対するこだわりがあってはいけません。

◆ロバート・クラウス

・忍耐の効用。
・好機を待つことは、トレードで勝つ確率を高める。
・絶えずトレードしている必要はない。
・以前の負けを取り戻そうとして、トレードに対してむきになってしまうことに特に用心すること。
・敵討ちトレードは確実に失敗へと導かれることになる。

●

　皆さんの今後の相場人生がより良いものになることを願って。
GOOD LUCK ！

korosuke

◆著者紹介

korosuke

買いと売りを併用した独自の投資法で、リーマンショックなどの暴落にも強い、安定したトレードを実現。大型株を中心に、どんな相場にも一貫した方針で、安定性を重視したトレードを得意とする。これまで Yahoo ファイナンス投資の達人などでコラムを執筆しながら、現在は note（※１）や、メルマガ「〜相場の流れを読み解く！日経チャート解析〜」（※２）などで記事を執筆。システムトレードのセミナーも多数開催。システムトレード開発者として、開発したシステムをテラス（※３）にて掲載。

※１　https://note.com/korosuke563
※２　https://1lejend.com/stepmail/kd.php?no=JqOlDpwXzqi、毎週発行
※３　https://openterrace.jp/

2020 年 12 月 3 日　初版第 1 刷発行

現代の錬金術師シリーズ　160

暴落を上昇エネルギーに変える

V字回復狙いの短期システムトレード
──「押し目」と「とどめ」で機能する戦略的売買ルール

著　者　korosuke
発行者　後藤康徳
発行所　パンローリング株式会社
　　　　〒 160-0023　東京都新宿区西新宿 7-9-18　6 階
　　　　TEL 03-5386-7391　FAX 03-5386-7393
　　　　http://www.panrolling.com/
　　　　E-mail　info@panrolling.com
装　丁　パンローリング装丁室
組　版　パンローリング制作室
印刷・製本　株式会社シナノ

著者‥矢口新

リスク限定のスイングトレード

出来高急増で天底（節目）のサインを探る！

定価 本体1,600円＋税　ISBN:9784775991084

【これまでは「出来高」は地味な存在だった】何日ぶりかの出来高急増は節目（最良の売買タイミング）になりやすい！　節目を確認して初動に乗る「理想のトレード」で損小利大を目指す。

著者‥けむ。

板読みデイトレード術

投資家心理を読み切る

定価 本体2,800円＋税　ISBN:9784775990964

板読み＝心理読み！の視点に立って、板の読み方や考え方だけではなく、もっと根本的な部分にあたる「負ける人の思考法」「勝つための思考法」についても前半部分で詳説。

著者‥優利加

生涯現役の株式トレード技術
【生涯現役のための海図編】

定価 本体2,800円＋税　ISBN:9784775990285

数パーセントから5％の利益を、1週間から2週間以内に着実に取りながら“生涯現役”を貫き通す。そのためにすべきこと、決まっていますか？わかりますか？

著者‥角山智

「敵」と「自分」を正しく知れば1勝1敗でも儲かる株式投資

定価 本体1,500円＋税　ISBN:9784775991398

己を知らずに良い手法を使っても、効果は一時的なものになるでしょう。でも、自分の弱みを理解し、己に打ち勝つことができれば、継続的に手法の効果を実感できるでしょう。

ウィザードブックシリーズ248

システムトレード 検証と実践
自動売買の再現性と許容リスク

ケビン・J・ダービー【著】

定価 本体7,800円+税　ISBN:9784775972199

プロを目指す個人トレーダーの宝物！

本書は、ワールドカップ・チャンピオンシップ・オブ・フューチャーズ・トレーディングで3年にわたって1位と2位に輝いたケビン・ダービーが3桁のリターンをたたき出すトレードシステム開発の秘訣を伝授したものである。データマイニング、モンテカルロシミュレーション、リアルタイムトレードと、トピックは多岐にわたる。詳細な説明と例証によって、彼はアイデアの考案・立証、仕掛けポイントと手仕舞いポイントの設定、システムの検証、これらをライブトレードで実行する方法の全プロセスをステップバイステップで指導してくれる。システムへの資産配分を増やしたり減らしたりする具体的なルールや、システムをあきらめるべきときも分かってくる。

ウィザードブックシリーズ183

システムトレード基本と原則
トレーディングで勝者と敗者を分けるもの

ブレント・ペンフォールド【著】

定価 本体4,800円+税　ISBN:9784775971505

あなたは勝者になるか敗者になるか？

勝者と敗者を分かつトレーディング原則を明確に述べる。トレーディングは異なるマーケット、異なる時間枠、異なるテクニックに基づく異なる銘柄で行われることがある。だが、成功しているすべてのトレーダーをつなぐ共通項がある。トレーディングで成功するための普遍的な原則だ。マーケットや時間枠、テクニックにかかわりなく、一貫して利益を生み出すトレーダーはすべて、それらの原則を固く守っている。彼らは目標に向かうのに役立つ強力な一言アドバイスを気前よく提供することに賛成してくれた。それぞれのアドバイスは普遍的な原則の重要な要素を強調している。

スピード出世銘柄を見逃さずにキャッチする
新高値ブレイクの成長株投資法
10倍株との出合い方を学ぶ

ふりーパパ, DUKE。【著】

定価 本体2,800円+税　ISBN:9784775991633

買った瞬間に「含み益」も大げさではない！ ファンダメンタルの裏付けがある「新高値」の 威力とは？

「新高値」を使った成長株投資を行うと、極めて重要な「投資の時間効率」が格段に向上する。ファンダメンタル分析だけで石の上にも3年的な"我慢の投資"から解放されるのだ。スピード出世する銘柄に出合いやすい点は大きなメリットになる。「新高値」を付けるときには、会社のファンダメンタルズに大きな変化が起きている可能性も高い。つまり、業績を大きく変えるような「何らかの事象が起こっていること」を察知しやすいというメリットも「新高値」を使った成長株投資にはある。

対TOPIX業種指数チャートの動きに乗る
個人投資家のための 「市況株」短期トレード

浜本学泰【著】

定価 本体2,000円+税　ISBN:9784775991558

対TOPIX業種指数チャートの動きに乗る、当たりまくりの短期トレード

個人投資家は、機関投資家が苦手な分野で勝負する必要がある。それこそが、「市況株」の短期でのテクニカルトレードだ。TOPIXの方向を確認し、オリジナルの対TOPIX業種指数チャートを見て、どの業種が強いか、弱いかを知り、その業種内の銘柄（ほぼ決まっている）をトレードする。短期前提ならば、選んだ素直に動きやすいという特徴があるから、「エントリーした途端に大きく逆行してしまった」というような悩みが起こりにくい。当てにいかずに、「動いた」という事実に乗るだけのトレード法だ！

あなたのトレード判断能力を大幅に鍛える
エリオット波動研究

一般社団法人日本エリオット波動研究所【著】

定価 本体2,800円+税　ISBN:9784775991527

基礎からトレード戦略まで網羅したエリオット波動の教科書

エリオット波動理論を学ぶことで得られるのは、「今の株価が波動のどの位置にいるのか（上昇波動や下落波動の序盤か中盤か終盤か）」「今後どちらの方向に動くのか（上昇か下落か）」「どの地点まで動くのか（上昇や下落の目標）」という問題に対する判断能力です。エリオット波動理論によって、これまでの株価の動きを分析し、さらに今後の株価の進路のメインシナリオとサブシナリオを描くことで、それらに基づいた「効率良いリスク管理に優れたトレード戦略」を探ることができます。そのためにも、まずは本書でエリオット波動の基本をしっかり理解して習得してください。

稼げる投資家になるための
投資の正しい考え方

上総介（かずさのすけ）【著】

定価 本体1,500円+税　ISBN:9784775991237

投資で真に大切なものとは？
手法なのか？ 資金管理なのか？ それとも……

投資の基本原則とは何か。陥りやすい失敗とは何か。攻撃するときの考え方とは何かなど、本書では、全6章30話からなる投資の正しい考え方を紹介しています。その際、歴史の面からの事例も紹介しています。これは「真の理解をするためには、歴史の事象を学ぶことが最適である」という著者の持論によるものです。何事も、土台がしっかりしていなければ、いくら上物を豪華にしても、長くは保ちません。あせらず、ゆっくり、投資の基礎を固めることから始めてみてはどうでしょうか。「正しい考え方」が身につけば、特殊な投資テクニックなどがなくても、投資の基本を忠実に行うことで稼げるようになっていきます。

投資（トレード）のやり方はひとつではない。
"百人百色"のやり方がある！

凄腕の投資家たちが
赤裸々に語ってくれた、
投資のやり方や考え方とは
いかに……。

続々
刊行